하타 요가 철학

Philosophy of Hatha Yoga

옮긴이 계미량

2005년에 스와미 웨다 바라티를 뵙고 히말라야명상전통에 입문. 원광대학교 시간강사, 원광대학교 요가학연구소의 연구원으로 활동, 국제히말라야요가명상협회연합 강사. 논문으로 「까쉬미르 샤이비즘연구」가 있다.

하타 요가 철학
Philosophy of Hatha Yoga

지은이 스와미 웨다 바라티 Swami Veda Bharati
옮긴이 계미량 **감수** 박창호
초판 1쇄 발행 2019년 5월 15일
초판 2쇄 발행 2022년 10월 25일

펴낸이 최경훈 **펴낸곳** 아힘신
주소 26427 강원도 원주시 원일로115번길 12(서진빌딩 5층)
전화 033)748-2968 **이메일** ahymsin.korea@gmail.com
등록번호 제419-2007-000002호 **등록일자** 2007년 1월 23일

Philosophy of Hatha Yoga by Swami Veda Bharati
Copyright © 2022 AHYMSIN – Association of Himalayan Yoga Meditation Societies International – Swami Rama Sadhaka Grama, Virbhadra Road, Rishikesh, Uttarakhand, 249 203, India.

Korean translation copyright © 2022 by AHYMSIN Korea Publisher and Society
Korean edition is published by arrangement with AHYMSIN

이 책의 한국어판 저작권은 AHYMSIN과의 독점계약으로 도서출판 아힘신이 소유합니다.
저작권법에 의해 한국 내에서 보호받는 저작물이므로 무단 전재와 복제를 금합니다.

ISBN 978-89-959194-7-7 03150
정가 12,000원

하타 요가 철학

Philosophy of Hatha Yoga

스와미 웨다 바라티 지음
계미량 옮김 | 박창호 감수

아힘신

OM

Gurubhyo namaḥ
Paramparā-gurubhyo namaḥ
Parameṣṭhi-gurave namaḥ

나의 구루들께 존경을 표합니다.
첫 번째 구루는 나의 어머니시고
두 번째 구루는 나의 아버지시며
세 번째 구루는
미물부터 내가 읽은 모든 책의 저자들까지 포함한
나의 모든 스승님이십니다.

히말라야의 스와미 라마를 통해 전해진
내 전승의 구루들께 존경을 표합니다.

궁극의 절대자 구루께 존경을 표합니다.

OM

차례

서문 __ 9

1   마음 바라보기 몸 바라보기 __ 15
2   예배 __ 41
3   카르마 정화 __ 67
4   완전한 신체 언어 __ 91
5   쿤달리니-감겨 있는 에너지 __ 111
6   하타 요가 : 디세한 몸으로 가는 관문 __ 131

서 문

요가학은 하나입니다. 다양한 전문분야가 있는 의학을 여러 가지 의학으로 분리하지 않듯이, 다양한 분야의 요가도 여러 가지 요가로 나누지 않습니다. 하타 요가(haṭha yoga), 라야 요가(laya yoga), 나다 요가(nāda yoga), 만트라 요가(mantra yoga), 쿤달리니 요가(kuṇḍalinī yoga) 등 여러 종류의 요가는 구도자가 진전을 이루어 나가는 각 단계에서 인성을 완성하도록 돕기 위해 각기 다른 부분에 중점을 두는 것일 뿐입니다.

이들 요가는 모두, 파탄잘리(Patañjali)가 널리 알린 '팔지(八支) 요가'(the Yoga of Eight Limbs) 즉 라자 요가(rājā yoga)의 틀에서 행해져야 하는데, 이 가운데 하타 요가는 가장 많이 보급되어 일반적으로 '요가' 하면 하타 요가를 떠올릴 정도가 되었습니다. 이렇게 된 이유는 대부분의 사람들이 자아를 굴질로 된 몸과 동일시하기 때문이며, 이런 이유로 많은 수련자가 영적 자아로 향하는 여정을 몸이라는 수단에서 시작하는 것입니다. 그러나 수단을 여정의 목표로 삼는 것은 명백한 잘못입니다.

몸은 미세한 힘과 정수(精髓)가 주입되어 상호작용으로 움직입니다. 하타 요가 수련은 마음과 프라나 같은 더 미세한 힘과 정수를 이해하지 않고는 완성될 수 없습니다. 이 힘을 이해하는 순간, 하타 요가를 수련하는 동안 몸으로 주입된 정수가 흐르는 통로가 뚫립니다. 이렇게 되지 않으면 하타 요가는 그저 신체 운동일 뿐입니다.

이러한 사실은 생명력을 지닌 유일한 요가 권위자들인 히말라야 스승들의 전통을 계승한 가르침이기에, 요가를 단순히 일련의 신체 운동으로 격하해서는 안 됩니다. 요가학은 더 높은 의식 영역에 도달하기 위한 방식으로 지속되어야 합니다. 미세한 정수를 인식하지 않고서는 수련은 불완전한 것이 되고, 수련자들은 수련을 완전히 습득하지도 유익함을 얻지도 못할 것이라는 사실을 알아야 합니다.

파탄잘리의 저술이 라자 요가를 위한 것이듯 가장 충실한 하타 요가 원전은 스와트마라마(Svātmārāma)의 「하타 요가 프라디피카 Haṭha-yoga-pradīpikā」입니다. 산스크리트어로 기술한 다른 모든 하타 요가 원전과 마찬가지로 「하타 요가 프라디피카」는 우리의 관점을 온전히 지지합니다. 스와트마라마가 기술한 내용을 읽어 봅니다.

찬란하게 빛나는 이 하타 요가학은 사다리처럼 라자 요가에서 가장 높은 곳에 오르기를 열망하는 구도자를 위해 공헌합니다.(I.1)

하타 요가학은 라자 요가를 위해서 배워야 합니다.(I.2)

하타 요가의 모든 수행은 이 수행의 열매인 라자 요가를 달성할 때까지 행해져야 합니다.(I.67)

라자 요가 없는 하타, 하타 없는 라자 요가는 완성될 수 없으며, 그러므로 완성에 이를 때까지 라자 요가와 하타 요가를 함께 수련해야 합니다.(II.76)

나는, 하타 요가만 수련하고 라자 요가를 알지 못하는 수련자들은 그들 노력의 결실을 빼앗기고 있다고 생각합니다.(IV.79)

하타 요가와 라야 요가의 모든 체계는 라자 요가의 성취를 돕습니다. 라자 요가로 올라간 사람은 시간을 거슬러 죽음을 정복할 수 있습니다.(IV.103)

스와트마라마의 저술을 포함해 하타 요가 원전을 주의 깊게 읽은 사람은, 하타 요가에서 마음이 하는 역할에 대해 언급한 내용에 틀림없이 감명을 받을 것입니다. 그럼에도 오늘날, 구리선에 흐르는 전기처럼 하타 요기의 몸을 진동하게 하는 정신 수련 없이 하타 요가를 배우는 것은 이해할 수 없는 일입니다. 스와트마라마의 저술 시작부분에서 위와 같이 밝혔듯이 하타 요가의 목적은 라자 요가의 정점으로 이끄는 것이며, 다음과 같이 끝을 맺습니다.

> 프라나가 중앙 통로[수슘나의 흐름]로 들어올 때까지,
> 그 [집중하는] 지점이 프라나의 조절을 통해 확고해질 때까지,
> 그 사람의 정수가 명상 중에 자연스럽고 고르게 흐를 때까지,
> 그때까지 [하타 요가에 대한] 여러분의 지식은 전부 상상이고 기만이며 말에 불과합니다.

나는 하타 요가의 산스크리트어 원전을 공부하면서, 원전을 기술한 현자들이 원문의 동사형을 "누구든 이런 방식으로 그것을 해야 한다." 또는 "누구든 습관적으로 이렇게 한다."라고 두 가지로 번역될 수 있는 법조동사(본동사의 가능성, 의무, 습관 등을 보조해서 표현해 주는 동사-역주)로 표현한 이유가 궁금했습니다. 이 궁금증이 해결된 것은 구루데브(Gurudev)의 은총을 통해서였습니다.

하타 요가학은, 명상 수행 중에 마음과 프라나가 쿤달리니의 흐름인 수슘나(suṣumnā)로 들어왔을 때 자연스럽게 일어나는 신체 경험을 기록한 것에서 처음 등장했습니다. 초보자가 하타 요가를 할 때는 노력을 해야 하지만 요기의 몸은 습관적으로 자연스럽게 하타 요가를 행합니다. 이 책 제6장에 나오는 하타 쿤달리니 수트

라(Haṭha Kuṇḍalinī Sūtra)는 그들의 이러한 경험에서 온 것입니다.

제1장부터 제3장까지는 이 수트라에 대한 소개와 해설로 이해할 수 있습니다. 가장 쉬운 하타 요가 수련이라도 이런 노력으로 내면의 영적 경험이 향상될 것이며, 수련자의 인성에 있는 미세한 정수가 불멸의 에너지 즉 아므리타(amrita)와 함께 수련자의 몸에 가득 차게 될 것입니다.

이 책의 편집을 맡아 준 미네소타 주 미니애폴리스 소재 'The Center for Higher Consciousness'의 Michael Smith와 이 책을 다듬어 준 내 아내 Lalita Devi에게 깊은 감사를 보냅니다. 히말라야 협회의 직원들에게도 감사를 전합니다. 이분들의 드러나지 않은 봉사가 구루데브의 작품을 가능하게 했습니다.

이 책의 모든 유익한 결과는 구루의 전승에서 온 것이며, 모든 잘못은 나의 것입니다.

우샤르브드 아르야 Usharbudh Arya

1

마음 바라보기 몸 바라보기

Watching the Mind Watching the Body

하타 요가 수련자들은 대부분 하타 요가가 지닌 철학이 아닌 신체적 유익함을 얻기 위해 수련합니다. 이들은 인성의 내적 알맹이보다 외적 포장에만 관심을 둡니다. 하지만 역사적으로 하타 요가 수련은 아쉬탕가 요가(Aṣṭaṅga yoga), 즉 팔지 요가의 틀에서 발전했으며, 더 높고 더 깊은 영적 훈련을 위해 제자들을 단련시키는 것이었습니다.

사람의 인성은 다양한 수준에서 존재하고 기능합니다. 이러한 이유로, 인성 탐구와 연관된 다른 많은 산스크리트 단어처럼 '하타'란 단어에는 여러 가지 뜻이 있습니다.

산스크리트어로 된 철학서를 연구할 때, 우리는 어느 단어의 의미를 적용하고 파악해서 한 단계를 완전히 이해하고 나서는 그 단어의 뜻을 버립니다. 다음 단계로 올라가면 같은 단어의 뜻이 완전히 달라지기 때문입니다. 한 단어의 뜻이 단계가 발전할 때마다 변하는 것입니다.

'하타'의 개략적 의미는 '힘, 강제, 뭔가를 억지로 하다'입니다. 왜냐하면 하타 요가는 몸이 지닌 습관을 깨뜨리기 위해 자신에게 거의 강제로 해야 하기 때문입니다. 가령 몸이 구부정한 습관이 있다면 강제로 이 습관을 없애고 새로운 습관을 들이는 것이 하타 요가입니다. 그러나 이때 사용하는 힘은 부드러운 힘입니다. 레슬링선수나 역도선수들이 발휘하는 그런 힘이 아닙니다.

이 부드러운 힘이 어디에서 나오는지 알게 될 때 하타의 의미는 변하고, 수련자는 물질적 몸만이 아니라 더 신비로운 진실, 우주의 진실, 우주적인 에너지 장(場), 그리고 태양과 달을 생각하게 됩니다.

'하'(ha)는 태양을, '타'(tha)는 달을 의미합니다. 우주와 개별자의 물리적 관계를 이해하게 되면 하타의 의미는 달라집니다. 태양은 새벽 6시에 떠오르는 그 태양이 아니며, 달은 밤하늘을 비추는 그 달이 아닙니다. 태양은 활동적 '남성성'인 오른쪽 콧속의 호흡이며, 달은 직관적 '여성성'인 왼쪽 콧속의 호흡이 됩니다. 이렇게 해서 수련자는 하타 요가 수련이 다양한 단계에서 동시에 작용한다는 것을 알게 됩니다.

수천 년 전에 요가의 과학과 철학과 수행을 발전시켰던 사람들은, 불교철학에서 말하는 붓다 즉 깨달음에 이른 영적 존재가 지닌 열 가지 완전함인 파라미타(paramita) 가운데 하나를 숙달한 사람들이었습니다. 그것은 카우샬라(kauśala/kaushala) 즉 타인을 자유롭게 하는 전문 기술입니다. 이들은 한 가지 원칙을 항상 마음에 간직했습니다. 그것은 내 아버지께서 어린 나를 가르치실 때 늘 하신 말씀입니다. 아버지께서는 "네가 진흙탕에 넘어졌다면, '진흙 대신 타지마할의 바닥에서 일어설 수 있다면 좋을 텐데.'라고 말할 수 없다."고 하셨습니다. 진흙 바닥에 넘어졌다면, 손으로 진흙을 짚고 일어서야 합니다. 진흙에 넘어졌는데 대리석 바닥을 짚고 일어설 수는 없는 일입니다.

요즘 사람들은 다양한 의식에서 실재를 의식하고 있습니다. 자신의 삶에서 무엇을 공감하든, 참자아(Self)에 대한 개념이 무엇이든 간에 사람들은 그 관점에서 시작해야 합니다. 자신의 모든 문제를 그 관점에서 다루어야 합니다. 이것이 그들에게는 현실이며 중요한 것입니다.

깨달음을 성취한 사람이라는 개념은, 낯설고 이해하기 어려운 동양인들이 만들어 낸 막연하고 신비한 것일 뿐이라고 생각하는 서양인들이 많습니다. 따라서 요가를 가르치는 교사는 수련자가 공감하는 것에 중점을 두고 시작해야 합니다. 기계에 관심이 있는 사람이라면 생체 되먹임 요가를 할 수 있을 것입니다. 약물 의존 문제가 있는 사람이라면 의지력 향상 수련을 시작할 수 있을 것입니다. 젊은 외모를 유지하고 싶은 사람이라면 식이요법과 하타 요가 자세 수련을 시작할 수 있을 것입니다.

요가철학에서는 사람의 영적 자아가 다섯 겹의 싸개로 둘러싸

여 있다고 합니다. 제일 바깥쪽 첫 번째 층인 안나마야(annamaya)는 우리가 먹는 음식으로 만들어집니다. 두 번째 층은 좀 더 정제된 음식의 본질인 프라나마야(prāṇamaya)로, 생명력으로 이루어져 있습니다. 세 번째 층 마노마야(manomaya)는 프라나 정수를 넘어선 정신의 정수입니다. 네 번째 층 비갸나마야(vijñānamaya)는 유한한 의식으로 이루어집니다. 그리고 다섯 번째 층 아난다마야(anandamaya)는 유한한 즐거움(기쁨의 한계)으로 만들어집니다.

보통사람은 제일 바깥쪽의 안나마야 코샤(annamaya kośa) 즉 음식의 층인 물질로 된 몸을 더 많이 의식합니다. 우리는 '나'라고 말할 때 가슴에 손을 얹기도 합니다! 우리가 "배고프다."라고 말할 때 이것은 마음의 배고픔이 아니라 몸의 배고픔을 말하는 것입니다. 우리는 몸과 자아를 동일시합니다. 요가철학에서는 이 물질로 된 몸을 통제하는 곳이 어디라고 할까요? 몸을 통제하는 목적은 우리의 관심을 거친 몸에서 미세한 몸으로 돌리는 것입니다.

우리는 항상 신체를 사용하지만 전혀 의식하지 않고 사용합니다. 사람들이 많은 방에서 보면 저마다 다양한 자세를 하고 있지만 한두 사람만이 자기 자세를 의식합니다. 누군가 말해 주지 않는 이상 "아, 내가 이런 자세로 앉아 있구나."라고 말하는 사람은 없습니다. 그러므로 하타 요가의 철학에 따른 수행에서 중요하게 생각할 점은 주의를 집중해서 자신을 관찰하는 것입니다. 자신의 신체 기능을 목격자처럼 보는 습관을 기르는 것입니다. 자신이 신체를 어떻게 움직이는지 의식하고, 근육의 긴장상태, 심장박동,

혈액순환, 호흡 같은 신체 내부나 외부의 움직임을 의식하는 것입니다. 많은 사람이 자신의 겉모습을 자신과 동일시하고 얼굴에 바르는 '병 속의 미모'라는 로션을 가지고 있습니다. 자기 몸의 외면은 너무도 잘 의식하지만, 자기가 취한 자세는 전혀 의식하지 않습니다. "나는 지금 누워 있다. 나는 앉아 있다. 나는 서 있다. 나는 걷고 있다. 지금 발을 들어 올린다. 발을 내려놓는다. 이건 내가 한 발씩 내디딜 때, 걸을 때, 버스 정류장에서 발을 이리저리 움직일 때 척추 아랫부분에서 일어나는 움직임이다."라고 혼잣말을 하는 사람은 없습니다.

일상생활에서 이렇게 주의를 기울이는 것은, 머리에서 발끝까지 의식하는 목격자가 되는 철학, 바로 샥시(sākṣī) 철학에 출발점이 있습니다. 지금 이 순간, 여러분은 내면의 모든 것을 의식하고 있습니까? 머리는 어떤 자세입니까? 지금 머리에 어떤 감각이 느껴집니까? 이마 근육은 어떤 상태입니까? 이런 식으로 자신의 몸을 관찰하는 진정한 목격자라면 여러분은 더 깊이 하타를 터득하고 있는 것입니다.

그러나 몸은 외면일 뿐입니다. 요기가 주의를 집중해서 수련의 진전을 이룰 때, 목격자로서 그의 상태는 이른바 '무의식'의 기능에까지 성장합니다. 오늘날 사람들은 자율기능에 대해 훨씬 많이 인식하게 되었지만, 위대한 요기에게 자율기능 같은 것은 없습니다. 자동적인 심장박동이라는 것은 없습니다. 대신에 그는 "나는 심장박동을 감소시키거나 증가시킬 수 있습니다."라고 말합니다.

요기는 점진적으로 외적 신체 골격만이 아니라 모든 신체 내부기관도 의식하게 됩니다. 요기가 하타 요가 수련으로 진전을 이루면 자신의 내부기관을 의식합니다. 폐의 상태를 알게 되고, 폐에 질병이 있다면 그것을 알아차릴 수 있습니다.

때로는 이처럼 (몸에 질병이 있다는) 미세한 정보를 우리는 상징적으로 접하게 됩니다. 이 정보가 꿈에서 은연중에 우리에게 접근하는데, 우리는 이것을 알아차리지 못합니다. 꿈꾸는 동안 한편으로 몸과 마음의 관계를 잊는 것이며, 다른 한편으로는 그 관계를 더욱 강조하는 것이기도 합니다. 이것은 꿈을 꿀 때 감각을 통해서는 아무것도 느끼지 않지만 마음은 쉬지 않고 인성의 범위 내에서 움직이고 있기 때문입니다. 만약 꿈이 분별력이 있다면, 마음은 몸에 있는 마음의 일부를 살펴볼 수 있을 것입니다. 꿈속에서는 흔히 상위 마음이 몸에 퍼져 있는 하위 마음을 살펴봅니다. 예를 들어 강을 건너거나 강물에 떠내려가는 꿈을 이따금 꾼다면, 실제로는 마음이 어느 부분의 동맥이나 정맥의 흐름이 혈류의 합류점에 도달하는 것을 면밀히 살피고 있는 것입니다. 꿈속에서 폭포나 급류를 만나 어딘가로 떨어지는 느낌을 갖거나 혈액의 짠맛을 느낄 수도 있습니다. 또는 쓰러진 나무 같은 장애물을 꿈에서 볼 수도 있는데, 그것은 평소에 본 적이 있거나 두려움을 느끼던 평범한 나무가 아니라 현실에서는 혈전으로 드러납니다.

세상의 온갖 거친 사물이나 거친 경험은 더 섬세하고 잘 드러나지 않는 무언가를 가리킵니다. 몸으로 경험하는 모든 형태, 모든 육각형과 삼각형, 모든 사물 등은 우리 내면의 섬세한 무언가를 가리키는 것입니다. 우리의 언어는 대체로 눈에 보이는 것에 한정되어 거친 생각과 구체적인 것들을 표현합니다. 그러나 추상적인 것은 우리 마음에 쉽게 남지 않기 때문에 상징적인 언어로 표현될 때 마음에 다가옵니다. 우리가 보는 거친 것은 미세하고 보이지 않는 것을 가리킵니다. 강 건너에 있는 나무는 동맥의 혈전보다 우리에게 더 현실적입니다. 그러므로 우리가 꿈에서 보는 것은 동맥의 혈전이 아니라 그것의 상징이며, 잘 보이지 않는 것에서 더 잘 보이는 것, 마음이 쉽게 알아차릴 수 있는 더 구체적인 것으로의 약간의 전환, 의미 변화, 형태 변형입니다. 그래서 동맥의 혈전이 보이지 않고 개울을 막고 있는 통나무나 바위가 보이는 것입니다.

여러분이 마음의 기능을 이해하지 못하면 몸의 기능도 전혀 이해하지 못합니다. 생리학이나 해부학에 대한 책을 읽었다고 해서 몸을 전부 아는 것은 아닙니다. 만약 그렇게 해서 몸을 안다면 80~100%의 질병이 심신질환은 아닐 것입니다. 그러므로 하타 요가 철학을 이해하자면 먼저 마음을 다루어야 합니다. 마음의 상태와 자세와 감정을 다루어야 하는 것입니다.

자신의 몸을 정화하게 된 요기는 몸의 모든 기능을 더 잘 의식합니다. 위, 간, 신장 등에서 어떤 일이 일어나는지를 예민하게 의식하는 것입니다. 요기들이 내면을 정화하는 방법을 만들어 낸 이유 중 하나는 그들이 명상 자세로 앉았을 때 소화관이나 장 속에 있는 아주 작은 음식물 조각도 느낄 수 있었고, 그로 인해 마음이 방해를 받기 때문에 그 방해물을 제거하기 위해서였습니다. 그러므로 하타 요가는 라자 요기들이 명상수행을 위해 생리적, 심리적 양면의 정화 과정으로 만든 것입니다. 땀을 내거나 림프선과 그 밖의 분비선을 활성화하여 깨끗이 하는 것, 몸속 이산화탄소를 전부 내보내는 것, 깨끗이 씻는 것도 명상에 앞서 하는 정화의식입니다.

하타 요가 철학을 기술한 요기들은, 몸을 정화하려고 노력할수록 자신을 참으로 건강하고 깨끗하고 아름답게 만들 가능성이 없다는 인식을 점점 더 많이 하게 되었다고 했습니다. 요기들은 "우리는 계속 몸을 지켜보면서 온갖 정화과정을 적용해 왔으나 몸에서 아름다운 것은 아무것도 찾을 수 없었다. 지속적으로 정화하는 노력에서 우리가 인식한 것은 몸 안에 쌓인 모든 더러움이었다."라고 했습니다.

불교 명상법에 팔리어로 아하레 파티쿨라-산나(ahare patikula-sanna)라는 묵상법이 있습니다. 산스크리트어로는 아하레 프라티쿨라-산즈나(ahare pratikūla-sanjna)로 알려졌는데, 이것은 소화과정을 의식하게 됨으로써 갖게 된 음식에 대한 혐오감을 말합니다. 몸속을 씻어내는 정화과정은 건강을 유지하기 위해 몸을 깨끗이 하는 것뿐만 아니라 정화를 계속해야 할 필요성을 상기시키기도 합니다. 예를 들어 과식을 할 때마다 추가적인 운동과 노력을 들여 다시 몸을 정화해야 한다고 의식하는 것입니다.

나는 인도에서 맛있는 음식으로 유명한 곳에서 태어났습니다. 그곳 사람들은 음식을 후하게 대접하는 것으로도 유명합니다. 나는 항상 좋은 음식을 즐겼지만, 몇 년 전에 음식이 마음에 좋지 않은 영향을 끼친다는 것을 인식하게 되면서 한 번에 적은 양 이상을 먹는 것을 꺼리게 되었습니다. 나는 음식을 먹는 순간 어떤 변화가 일어나는 것을 알게 되었습니다. 호흡은 무거워지고 미세한 쿤달리니의 흐름이 거칠어져서, 혼자 명상을 하거나 사람들에게 명상을 지도하기 위해 정신을 집중하는 데에 적어도 두세 시간이 걸립니다. 그래서 마음을 다시 정화해야 합니다. 내 마음을 정화함으로써 몸속에 흐르는 정신적 에너지의 섬세한 흐름을 순화하려는 것입니다. 음식을 섭취하는 순간 이 에너지의 흐름이 타마식(tamasic), 즉 둔해집니다. 그렇다고 음식을 먹지 말라는 말은 아닙니다. 요가에서 진보를 거듭할수록 어떤 것은 자연스럽게 발전합니다. 음식에 대한 민감도가 그런 것입니다. 하타 요가는 신체기관과 모든 내적 기능뿐 아니라 신체 외면의 민감도를 발전시키는 과정입니다.

하타 요가를 영적 자유를 얻기 위한 준비로 이해한다면 여러분은 하타 요가를 제대로 이해한 것입니다. 이 책에서는 하타의 각기 다른 방식들을 분석할 것인데, 상위 철학에 어떤 방식이 적합한지, 어떤 방식이 더 높은 의식으로 이끌어 주는지를 알려 주는 것입니다. 더 높은 의식이란 단순히 이 영원히 활동하는 위대한 우주 즉 자가트(jagat)의 광대함을 즉각 인식하는 것만이 아니라 숭고한 깨달음도 의미합니다.

  이런 문구가 있습니다. "참으로 몸은 덕을 얻기 위한 주요 도구다. Śarīramadyam khalu dharma-sādhanam" 우리의 육신은 비록 연약하지만 여기에는 위대한 것을 성취하려는 열망이 있습니다. 그것을 어떻게 성취할 수 있을까요? 고대 경전에서 말하는 것처럼 몸이 덕과 정의를 수련하는 첫째 수단이라면 몸은 잘 보전되어야 합니다. 몸을 보전해야 할 다른 이유는 없습니다. 몸 안에 아름다움이란 없습니다. 피부를 깎아 낸다고 해서 그 안에서 아름다움을 발견할 수 있을까요?

  우리에게는 거친 것부터 섬세한 것들이 있는데, 그것은 몸, 내부기관, 호흡, 프라나라 부르는 생명력, 몸에 있는 마음, 몸과 물리적 상황을 기억하는 마음, 그리고 마지막으로 더 높은 마음입니다.

  하타 수행에서 진보의 과정은 외적 단계에서 점진적으로 내적 단계에 이르는 것입니다. 이것은 무엇을 의미할까요? 우선 다양한 단계를 점차 의식하게 되고, 마음이 한 단계에서 더 미세한 단계로 서서히 옮겨 가며 일체화하는 것인데, 거친 부분이 더 미세한 부분을 통제하는 것을 제거하고, 점차적으로 미세한 부분이 비교적 거친 부분을 통제하도록 하는 것입니다.

  예를 들어 우리 존재의 가장 물질적이고 가장 낮은 부분이며, 우리가 아름다워야 한다고 생각하는 몸의 외면을 살펴봅시다. 몸의 자세는 섬세한 것에 영향을 미치는데 그것은 신체 내부 조직입니다. 어떤 사람이 몸을 구부정하게 숙이고 앉아 있으면 그것은 곧 내장 기관의 운동을 방해하게 됩니다. 또한 호흡과 같은 미세한 기능과 쿤달리니의 자유로운 흐름 같은 영적 기능을 방해하게 됩니다. 배변활동을 할 때에도 올바르지 않은 자세를 하면 이들 기관의 자연스러운 기능이 방해를 받습니다.

인도에는 비위생적인 습관이 많지만 서구에 비해 더 위생적인 것이 몇 가지 있습니다. 서양에서는 남자들이 서서 소변을 보는 것이 일반적 관습입니다. 그러나 인도에서는 이런 자세를 서구적 게으름의 흔적으로 여깁니다. 인도 사람들은 소변을 볼 때에도 대변 자세처럼 두 발을 벌리고 쪼그려 앉습니다. 인도에서 양변기는 최근에 현대화된 도시들을 제외하고는 보급되어 있지 않습니다. 인도 사람들은 서서 소변을 보면 방광이 완전히 비워지지 않기 때문에 잘못된 자세라고 생각합니다. 왜냐하면 그 자세는 완전한 배설을 하도록 몸에 압박을 가하지 않기 때문입니다. 변기에 앉아서 배변을 하는 서양식 자세도 마찬가지입니다. 이 자세는 매우 부자연스러운 것이어서 변비와 치질 같은 온갖 문제를 일으킵니다.

우리는 몸의 자세만으로도 장기에 영향을 줄 수 있다는 것을 압니다. 누구라도 아는 것이지만, 문제는 이것을 인식하고 일상에서 이 지식대로 생활하는지 여부입니다. 내면을 싸고 있는 외형, 미세한 것을 덮고 있는 거친 것으로 인한 방해를 멈추는 것은 깨달음의 일부입니다. 단순히 신체의 외형이나 골격의 편안함에서 일체감을 갖지 않게 되면 여러분의 철학은 변합니다.

자동차나 비행기에 있는 의자를 관찰해 보세요. 그런 의자들은 여행을 할 때 고문입니다. 나는 바쁜 생활을 하기 때문에 자동차나 비행기에서 명상할 시간을 가집니다. 그런데 편안하게 앉아서 곧바로 명상을 할 수 있는 자동차는 없었습니다. 비행기에서는 어떻게 앉아야 바른 자세로 명상을 할 수 있는지 도무지 모르겠습니다. 비행기 좌석은 골격이나 근육의 편안함만을 아는 사람들이 신체 훈련을 한 적이 없는 사람들을 위해 이 이상한 모양의 의자를 디자인했기 때문입니다. 여러분이 언제라도 내장기관과 그것들이 어떻게 움직이는지 의식한다면 자동차에서 편안하게 앉아 있을 수 없고, 소파에서도 편히 앉아 있을 수 없으며, 푹신한 침대에서도 편히 잠잘 수 없을 것입니다. 그래서 현대 문명의 이로움에 대한 여러분의 개념이 바뀝니다.

내장기관에 무엇이 필요한지 깨달으면 몸의 자세를 결정하게 될 것입니다. 특히 호흡처럼 더 섬세한 기능을 위해 그렇게 될 것입니다. 현대 문명이 만드는 모든 가구는 거의 사람들이 호흡을 의식하도록 디자인하지 않습니다. 그래서 좋지 않은 호흡 습관이 형성되고, 나중에 자신의 인식이 다시 바뀌어야 하는데, 신체에서 기능할 때 처음에는 프라나를 의식하고 그 다음에는 마음을 의식하는 것으로 발전해야 하는 것입니다. 수면 상태에 대한 예를 기억하세요.

이러한 몇 가지 깊은 의식은 시체자세로 하는 이완훈련 중에 느낄 수 있으며, 이것은 몸 안에 있는 마음에 대한 의식을 향상시킵니다. 즉 이마에 있는 마음을 편안히 하면 이마 근육이 이완합니다. 뺨에 있는 마음을 편안히 하면 뺨이 이완합니다. 어깨에 있는 마음 일부를 편안히 하면 어깨가 이완합니다. 거친 것에서 섬세한 것으로 서서히 옮겨갑니다.

요가는 다른 운동체계와 같지 않습니다. 움직임은 천천히 행해지고 지속적인 자기관찰이 이루어집니다. 지속적으로 자기관찰을 하지 않는다면, 하타 요가를 바르게 하고 있는 것이 아닙니다. 천천히 움직일 때에만 관찰이 절대적으로 필요한 것이 아니라 빠른 움직임에서도 충분히 관찰해야 합니다. 예를 들어 여러분이 완전히 집중한다면, 손가락을 이리저리 빠르게 움직일 때도 눈을 계속 손가락에 고정할 수 있습니다. 혹시 인도인 무용가를 지켜볼 기회가 있다면, 그들의 눈을 관찰해 보세요. 인도의 무용가들은 세 살 때부터 훈련을 시작하는데, 그 중에 몇 가지는 하타 요가에서 하는 자기관찰 훈련과 매우 흡사합니다.

근육, 골격, 신경, 호흡, 그리고 마음은 모두 동시에 조화를 이루고 함께 작용을 합니다. 하타 요가를 하는 학생이 수련을 하는 동안 이 다섯 가지를 마음에 두지 않으면 올바른 수련을 할 수 없습니다.

하타 요가 자세를 수련할 때에는 마음으로 이것을 먼저 수련하세요.

눈을 감습니다. 그리고 마음과 이마를 이완합니다. 자신이 누워 있다고 상상합니다. 누워 있는 자신을 바라보면서 그 자세에서 손을 몸

1. 마음 바라보기 몸 바라보기 29

양편에 내려놓고 양발을 모으는 상상을 합니다.

손바닥을 뒤집어 손등이 바닥에 닿도록 합니다.

무릎은 구부리지 않고 발을 들어 올립니다. 고관절부터 구부려 다리를 바닥과 수직이 되도록 서서히 들어 올립니다. 이 자세를 하는 동안은 호흡을 천천히 합니다.

이제 무릎을 구부리지 않고 자세를 유지합니다. 이 동작이 여러분의 배 근육에 어떤 영향을 주는지 관찰합니다. 배꼽과 복부에 어떤 영향을 주는지 관찰합니다.

이 자세에서 계속 호흡을 관찰합니다. 모든 근육에 미치는 영향을 계속 관찰하면서 무릎을 구부리지 않고 천천히 그리고 부드럽게 발을 바닥에 내려놓습니다.

몸을 이완합니다. 가만히 바닥에 누워 있는 동안 여러분의 호흡이 머리에서 발끝까지 몸 전체를 통해 흐르는 것을 느껴 봅니다. 눈을 뜹니다.

이 동작은 어깨물구나무서기를 하기 위해 다리를 들어 올리는 단순한 자세지만 사실 자세가 중요한 것은 아닙니다. 이 자세는 몇 번이고 할 수 있고 그러면 마음에 미치는 영향을 느낄 수 있습니다. 더 많이 이완할수록 시각화는 더욱 쉬워집니다. 몸을 전혀 움직이지 않고도 완벽한 자세를 할 수 있게 됩니다. 게으른 사람을 위한 하타 요가 안내서라고 할 수 있습니다! 시각 교재가 없어도 정확한 용어와 바른 각도로 설명하면 마음속으로 하타 요가의 탁월한 과정을 이런 방법으로 할 수 있습니다.

여러분의 관점에서는 이것이 마치 몸에 대해 생각한 다음 정신적인 상태에서 그 생각을 마음에 전달하는 것처럼 보일 수도 있습니다. 그러나 사실 인간의 의식 작용과 관련해서는 의식이 우선이고 몸이 그 다음입니다. 그렇지 않은 가요? 만일 의식이 없다면 여러분은 어떤 상태일까요? 시체에 불과합니다. 몸을 훈련시키는 것은 마음입니다. 하타 요가 수업에서 평소에 해야 할 것은 우선 몸을 훈련시켜 마음을 수련하는 것입니다. 어떤 사람이 어떤 자세로 있을 때, 이 사람의 마음이 그 자세를 취하도록 하고 있는 것입니다. 이것은 마음을 훈련하는 간접적 방법입니다. 그러나 이는 주로 정신적 기능보다 몸매나 외모를 자신과 동일시하는, 명상을 하지 않는 사람에게 해당됩니다.

이렇게 신체의 겉모습을 자신과 동일시하는 사람이라면 몸으로 시작해야 합니다. 신체에 있는 마음은 자연스럽게 생각 안에 있는 형상을 경험합니다. 어떤 상황에서 어떤 위치에 팔을 놓는다면 우리는 두 가지를 하고 있는 것입니다.

하나는 그 위치에 팔을 놓는 것이고, 또 하나는 우리 마음이 기하학적인 형상, 즉 공간에 놓인 물체의 형상을 경험하게 하는 것입니다. 우리는 마음이 그 기하학적 형상을 새기게 하고 만달라(maṇḍala)나 얀트라(yantra)를 만들고 있는 것입니다. 만달라의 모든 예술과 과학은 마음이 기하학적인 형태를 경험하게 하는 것입니다.

여기서 순전히 정신으로 행한 수련이 몸을 움직여서 하는 수련

1. 마음 바라보기 몸 바라보기 31

과 같은 도움이 되는지에 대한 의문이 제기되는데, 대답은 오랜 시간이 걸리지만 도움이 된다는 것입니다. 하지만 기대할 수 없는 매우 근본적인 생리적 도움도 몇 가지 있기는 합니다. 만일 어떤 사람이 매일 10분 동안 몸을 전혀 움직이지 않고 척추를 곧바로 세우는 것을 마음으로 생각만 한다면, 이 사람은 척추를 바로 세우는 습관을 갖게 될 것입니다. 어떤 자세를 습득하는 데 어려움을 겪는 학생일 경우 마음으로 그 자세를 반복해서 생각하는 것이 크게 도움이 될 것입니다.

하타 요가는 몸에서부터 기하학, 형태, 기억을 다루는 마음의 가장 깊은 곳까지 연결하는 다리를 만들고, 전체 자율신경조직을 통제할 수 있는 명령을 보냅니다. 이것은 첫 단계일 뿐입니다.

몸으로 하는 운동에서 마음은 다음과 같이 사용됩니다.

> 눈을 감고 머리 근육과 이마 근육을 완전히 이완합니다.
> 눈썹 부위와 눈을 이완하고, 뺨과 턱을 이완합니다.
> 목과 어깨를 이완하면서, 손끝에 편안함을 느낄 때까지 어깨를 이완합니다.
> 심장 중심을 편안히, 어깨를 편안히, 목을 편안히, 턱을 편안히, 뺨을 편안히 그리고 이마를 편안히 합니다.
> 이마가 이완된 상태에서 이마 근육과 머리 근육을 들어 올린다고 상상합니다. 이마의 이완 상태를 유지하면서 마음으로만 머리와 이마의 근육을 들어 올립니다. 그러면 곧 이마에 어떤 긴장이 생기는 것을

의식하게 될 것입니다.

얼굴 전체를 편안히 하고 호흡을 천천히 부드럽게 합니다.

호흡을 의식하고, 숨을 들이쉴 때 목을 천천히 왼쪽으로 돌리는 상상을 합니다. 할 수 있는 만큼 목을 왼쪽으로 돌리면서 목 근육에서 생기는 모든 긴장을 느껴 봅니다.

숨을 천천히 내쉬면서 목을 제자리로 돌립니다. 실제로 목 근육은 이완된 상태를 유지합니다.

이제 숨을 들이쉬며 마음으로 목을 오른쪽으로 돌립니다. 호흡을 따라 천천히 오른쪽으로 돌리면서 콧속에서 호흡을 느끼고 근육에 있는 모든 긴장을 느끼는데, 실제로 목은 이완된 상태를 유지합니다. 마치 오른쪽 어깨 너머를 바라보려는 것처럼 할 수 있는 만큼 목을 오른쪽으로 돌립니다. 목에 통증이 느껴지는 시점에서의 긴장을 느껴 봅니다.

그런 다음 근육을 이완하고 천천히 숨을 내쉬면서 콧속의 호흡을 느낍니다. 목을 다시 제자리로 돌립니다. 천천히 부드럽게 숨을 들이쉬고 내쉰 다음 눈을 뜹니다.

이렇게 마음으로 하타 요가를 하고 난 다음에는 실제로 몸으로 합니다. 마음이 하는 것을 관찰하는데, 즉 마음이 가장 섬세한 근육과 조직을 어떻게 관찰하는지 살핍니다. 마음이 근육에게 천천히 움직이라고 지시하는 것을 관찰합니다.

호흡을 의식하면서 마음이 호흡을 어떻게 의식하는지 살핍니다. 상위 마음이 호흡을 의식하는 마음 부분을 관찰하게 합니다. '나는 호흡을 의식한다.' 그리고 '나는 근육에서 일어나고 있는 긴장을 의식한다.'를 아는 것입니다.

평소에는 의식하지 않는 섬세한 근육과 조직을 느끼도록 노력하고, 그것들을 의식하게 되면 마음과 분리하려고 노력하세요. 이렇게 자가 해부학 수업이 되게 하세요.

그리고 마음이 이 호흡 의식을 어떻게 하는지 계속 관찰합니다. 마음이 이들 근육에 어떻게 자극과 명령을 보내는지 관찰합니다.

실제로 하는 것이 아니라 생각으로 하는 운동이 되게 합니다. 마음은 이런 움직임을 어떻게 생각하는 것일까요? 그 움직임을 관찰하세요. 한 지점에서 바로 옆 지점으로 이동하는 각각의 움직임을 전부 느껴 봅니다. 순환하는 움직임의 각 지점을 관찰하세요. 이렇게 하는 것을 마음에 새깁니다.

마음 내키는 대로 손을 움직입니다.
손의 움직임을 눈으로 바라봅니다.
이제 눈을 감고 그 움직임을 바라봅니다.
그 움직임은 어떤 의미가 있습니까?

내쉬는 호흡의 길이만큼 어떤 움직임을 합니다.
내쉬는 호흡의 길이만큼 한 가지 움직임을 하고 마음의 움직임을 바라봅니다.

이 움직임을 관찰하는 마음이 호흡에 따라 어떻게 움직이는지 관찰합니다.

수련의 각 단계에서는 마음과 몸과 쿤달리니에서 무언가가 일어나는데, 이것은 여러분의 마음이 하는 것에 달려 있습니다. 예를 들어 대부분의 사람들은 아사나를 할 때나 관절운동과 분비샘운동을 할 때조차 몸으로만 하려고 애를 씁니다. 어떤 선생들도 이렇게 합니다. 그러나 우리가 되풀이해서 강조하고 있는 원리는, 몸의 움직임은 아무것도 아니며 마음의 움직임이 전부라는 것입니다. 마음은 몸의 움직임을 지배합니다. 움직이는 것은 마음이며 그 마음에 몸이 따르는 것입니다. 그러므로 여러분은 마음의 움직임에 따르는 몸의 움직임을 지켜보는 것입니다. 모든 신체 수련은 정신의 수련입니다. 이것은 아사나뿐만 아니라 간단한 관절운동과 분비샘운동에도 적용됩니다. 여기 여러분이 실제로 수련을 하는 동안 의식을 발전시킬 수 있는 한 가지 방식이 있습니다.

눈을 감고 이마근육을 이완합니다. 얼굴근육을 이완하고 어깨근육도 이완합니다.

움직임이 느껴지는 곳에서 손가락 끝까지 지시를 내려 보냅니다. 손가락을 들어 올릴 준비를 하지만 실제로 들어 올리지는 않습니다. 이것을 관찰합니다! 그리고 어깨부터 손가락 끝까지 이완합니다.

눈은 계속 감은 채로 팔을 움직이도록 지시합니다. 이 지시가 아래로 내려가는 것을 느껴 봅니다. 어깨부터 손가락 끝까지 일어나는 긴장을 느껴 봅니다. 손을 아주 조금 들어 올립니다. 손이 놓여 있는 다리에서 손의 무게를 느끼지 않을 만큼만 손을 들어 올리는 것입니다. 손을 다시 제자리에 놓고 편안히 이완합니다. 뇌에서부터 손가락 끝까지 전부 이완합니다.

이제 뇌에서 어깨 그리고 손가락끝까지 움직이라는 지시를 관찰하며 손을 아주 조금 들어 올립니다. 손을 위로 더 들어 올립니다. 손이 움직이는 것을 주시하세요. 천천히 손을 곧게 뻗습니다. 그리고 곧게 펴지는 손을 주시합니다. 손에 있는 모든 조직을 느껴 봅니다. 이제 이 모든 조직이 천천히 이완하는 것을 느끼면서 손을 내려 제자리에 놓습니다. 모든 근육을 이완합니다.

이제 눈을 뜹니다.

이렇게 하면서 우리는 관절과 분비샘 운동을 한 가지도 완벽하게 하지 않았지만 움직임을 관찰하는 것으로 무엇을 배울 수 있는지 알 수 있습니다. 여러분이 완벽한 움직임을 관찰했다면 무엇을 느꼈을까요? 관절과 분비샘 운동을 가르치는 사람들 중에는 이러한 자기 관찰 습관을 습득하지 않은 사람도 있습니다. 관절과 분비샘 운동을 한다면 나는 각각의 움직임을 관찰합니다. 각 지점의 움직임이 다음 지점으로 이동하는 움직임을 전부 관찰합니다. 손가락에서 어떤 일이 일어나는지, 손 근육에 매순간 어떤 일이 일어나는지, 손과 팔과 팔꿈치가 어떻게 곧게 펴지는지, 각 근육에서 무엇이 느껴지는지 매순간 관찰합니다. 이런 방식으로 나는 해부학적으로 내 몸의 구조를 배웁니다. 그래서 혹시 두통이 일어나면 나는 내 몸의 어떤 부분이 영향을 받는지 알 수 있습니다.

하타 수련을 할 때 생각이 진행되듯이 하세요. 몸이 훨씬 쉽게 여러분에게 복종할 것입니다. 여러분이 학생이든 선생이든 하타 수련을 할 때는 생각이 진행되듯이 여러분 마음으로 먼저 완성하세요.

허리를 곧게 세우고 앉습니다. 눈을 감습니다.

마치 골반에서부터 움직임이 일어나 앞으로 잘 굽혀질 때까지 척추를 편 상태로 윗몸을 앞으로 굽힌다는 생각을 합니다. 충분히 굽힐 때까지 마음으로 이 동작을 합니다.

천천히 더 아래로 숙입니다. 마음속으로 엉덩이에서 앞으로 굽혀 코가 무릎 아래 정강이에 닿는 것을 바라봅니다.

호흡을 몇 번하면서 이 자세를 유지한 다음 천천히 윗몸을 일으킵니다. 척추가 완전히 곧게 세워질 때까지 호흡을 하면서 윗몸을 곧게 폅니다.

숨을 내쉽니다. 마음으로 다시 몸을 굽히면서 천천히 코가 정강이에 닿게 하고, 이 자세에서 복부에서 어떤 일이 일어나는지, 척추에서 어떤 일이 일어나는지 관찰합니다.

마음으로 등 뒤에서 양손을 교차시키고 이 자세에서 각 근육에 어떤 일이 일어나는지 관찰합니다.

윗몸을 일으키면서 숨을 들이쉽니다. 이때 넓적다리와 복부근육, 양옆구리와 허파에 어떤 일이 일어나는지 그리고 호흡에는 어떤 일이 일어나는지 느껴 봅니다.

어깨와 팔을 완전히 이완하고, 어깨가 긴장되지 않게 하면서 마음으로 오른팔을 들어 올려 머리 뒤쪽에 대고 턱을 들어 올립니다. 팔은 계속 이완하세요.

팔을 천천히 앞쪽으로 뻗고 그렇게 하고 있는 자신을 바라봅니다. 눈을 뜹니다.

이 연습은 신체의 움직임을 주도하는 마음의 움직임입니다. 한 가지 움직임은 하나의 생각으로 시작되며, 견갑골에 미세한 첫 긴장감이 느껴지기도 전에 신체 내부가 움직입니다. 팔을 움직이기 위해 마음에서 신호를 보낼 때 이 신호가 뇌를 떠난 후 어떤 섬유조직에서 미세한 움직임이 일어날까요? 근육을 움직이지 마세요. 마음의 움직임을 관찰하세요. 마음으로 근육을 움직입니다. 우리는 무의식적으로 이렇게 하는데, 움직임의 과정이 너무나 빨리 일어나기 때문에 우리는 그 순간에 머물지 못합니다.

어깨와 온몸을 이완합니다. 어깨에 긴장이 전혀 일어나지 않도록 하면서 팔을 움직이라는 지시를 보내는 마음을 관찰합니다. 몸의 움직임이 시작되는 첫 번째 긴장이 느껴지자마자 즉시 움직임을 멈춥니다. 지시가 내려가는 것을 관찰하다가 지시를 멈추고 취소합니다. 어깨와 목은 계속 이완한 상태를 유지합니다. 마음이 움직이라는 지시를 보내고 지시가 내려가는 것을 봅니다. 그러나 움직이지는 않습니다. 이때 어떠한 긴장도 일어나지 않도록 합니다(이완수련을 습득하지 않았다면 이것을 하는 데에 어려움이 있을 것입니다).

움직임을 시작하게 하는 최소한의 긴장이 일어날 정도만 지시를 따릅니다. 신체로 이 지시를 따를 때 여러분은 이 과정을 더 잘 습득하게 될 것입니다.

다시 눈을 감으세요. 얼굴을 이완하세요.

이마를 이완하고, 얼굴을 이완하고, 턱을 이완합니다.

어깨를 이완합니다. 심장 중심을 이완합니다.

천천히 편안하게 숨을 쉬면서, 마음으로 양발을 약간 벌린 채 서 있다고 생각합니다. 양손을 심장 중심으로 가져와 엄지손가락 관절로 그곳을 누른다고 생각합니다.

호흡을 바라봅니다. 서 있는 자세에서 척추의 위치를 의식합니다. 양팔을 들어 올려서 귀에 댑니다.

양팔을 쭉 뻗고 태양을 바라봅니다. 전 우주의 아름다운 에너지가 전부 여러분 안으로 흘러들어옵니다. 여러분 내면의 에너지와 빛은 태양의 빛과 같습니다. 그러므로 여러분은 '나는 태양이다.'라고 생각합니다. 몸을 천천히 앞으로 굽힙니다. 척추 중간이 아닌 엉덩이에서부터 몸을 굽히는 것입니다. 몸을 점점 더 굽혀서 이마가 정강이에 닿고 양손이 양발 옆 바닥에 놓이는 것을 바라봅니다.

이 자세를 유지하면서 척추에 무슨 일이 일어나는지, 호흡에는 어떤 일이 일어나는지 관찰하고, 어깨와 무릎의 어느 부분에서 긴장과 활동이 있는지 관찰합니다.

　천천히 몸을 일으키면서 허리를 곧게 폅니다.

　눈을 뜹니다.

생각으로 이 과정을 습득하고 나면 몸으로 해야 할 것을 정확히 알게 됩니다. 지도해 줄 선생이 필요하지 않을 수도 있습니다. 몸의 움직임은 아무것도 아닙니다. 오직 마음이 움직일 뿐입니다. 어디에서나 일상에서 여러분이 하는 모든 움직임을 의식할 수 있으면 24시간 동안 마치 춤을 추듯 걷게 될 것입니다. 이것이 인도의 고전무용이 사원의 예배의식에서 발전해 온 방식입니다. 사람들은 의식을 가지고 행동하는 것을 배웁니다. 예를 들어 신성한 물을 조금씩 마시는 것도 어느 사원에서나 의식을 위한 준비입니다. 물은 손으로 받아서 마시고 다시 받아서 마십니다. 이렇게 하면서 자신의 몸을 관찰하고 물이 몸의 어느 곳을 통과하는지 관찰합니다. 왼손으로 물을 받아 마시고 오른쪽 손가락으로 팔다리를 만집니다. 물의 움직임을 관찰하고 팔다리를 관찰하며, 감각을 관찰하고 물의 흐름으로 감각이 무엇을 경험하는지, 물이 한 지점에서 다른 지점으로 어떻게 움직이는지, 물이 몸의 각 부분을 어떻게 흐르는지 관찰합니다. 그리고 이 의식이 바로 춤이 됩니다. 몸의 움직임은 전부 춤입니다. 무용학교에서 배우는 것이 아니라 몸의 움직임을 바라보는 마음의 움직임이 그렇게 춤이 됩니다.

2

예 배

Worship

이 장에서는 하타 요가에 접근하는 세 가지 방법인 타파스(tapas, 금욕주의 수행), 예배, 마음의 전개에 대해 이야기할 것입니다.

'수련 요가'를 의미하는 크리야 요가(kriyāyoga)가 있습니다. 크리야 요가는 요가에서 어떤 과정이라도 약간의 정신적 수련이 있으면 완전한 과정이 됩니다. 그 과정은 만트라, 명상, 말, 아사나 수행이나 어떤 윤리 기준을 수련하는 것일 수 있습니다.

요가의 주요 경전인 『요가수트라Yoga-Sūtra』는 제2장 제1절 시작 문장에서 크리야 요가를 정의하는데, 그 첫 부분이 타파스입니다.

타파스는 금욕 수련을 의미하며, 최고의 집중력으로 성취를 향해 가는 집중적 수련입니다. 약간의 땀과 노력으로 무언가를 시작하는 것이 타파스입니다. '타파스'라는 낱말은 사실 '열' 또는 '가열

하기'에서 유래하며, 어떤 수련에도 타파스는 필요합니다. 요가수트라를 집대성한 스승 파탄잘리(Patañjali)는 '하타'(haṭha)라는 말을 사용하지 않았습니다. 그는 자기 신체를 뜨겁게 하고 강한 집중으로 땀을 내서 될수록 깊이 그 열기에 잠기는 타파스라는 단어를 사용합니다.

타파스는 또한 다섯 니야마(niyama) 중 하나입니다. 라자 요가 수련의 8단계 중 둘째 단계가 니야마인데, 다섯 니야마 즉 다섯 행동 규칙 가운데 세 번째가 타파스 즉 고행입니다. 고행을 한다고 해서 늘 맨땅에서 자거나 먹을 것도 없이 사막에서 지내는 것은 아닙니다. 고행이란 분명한 목표를 지향하며 강한 집중으로 좀 더 분발해서 어제보다 한 발 더 나아가는 전체 인성의 노력을 의미합니다.

하타 요가 수련을 하는 사람이라면 누구나 아사나를 할 때 몸의 작고 섬세한 근육조직을 의식하기 위해서 강한 집중이 필요하다는 것을 경험합니다. 타파스의 목적과 목표는 한 가지에 온전히 집중하는 마음상태에 도달하는 것입니다. 하타 요가처럼 몸으로 하는 것이든, 찬가를 부르거나 만트라 염송 또는 기억하기 위해 무언가를 반복하는 경우처럼 입으로 하는 것이든, 아니면 머릿속으로만 하든지 간에 결국 마음은 집중상태에 머물게 됩니다. 마음이 그것에 머물게 될 때까지는, 그 집중이 무의식 깊이 들어올 때까지는 어떤 행위든 여전히 인위적인 것입니다. 인위적인 것이므로 우리 신체와 일상에서 분리된 채로 있게 됩니다. 의식적으로 해야 하기 때문에 자연스럽지 않습니다. 마치 초보 운전자가 기어를 바꾸고 운전대를 돌리고, 브레이크와 가속기를 밟을 때 발의 위치를 바꾸는 것에 매우 조심하면서 여기저기 살피며 운전을 하는 것과 같습니다. 정말 혼란스럽습니다. 그러나 이것을 계속 반복하게 되면 어떻게 될까요? 운전을 하면서 자신이 무엇을 하는지 거의 의식하지 않게 될 것입니다.

또는 이사를 했을 때 처음에는 이사한 집으로 가는 길을 기억해야 하고, 그 다음에도 길을 기억해야 합니다. 세 번, 네 번 그 길을 기억해야 합니다. 그럼에도 직장에서 퇴근해서 먼저 살던 집 앞에 가 있을 수 있습니다. 습관의 힘이 여러분을 그곳으로 가게 합니다. 그러나 얼마가 지나면 이사한 집으로 가는 것이 자연스러워집니다.

이렇게 타파스는 살면서 어떤 것을 반복하고 거듭 노력해서 이것을 우리 내면의 마음에 확실한 일부로 만드는 삶의 태도입니다. 때로 타파스 수련 행위는 다소 즐겁지 않은 것을 행함으로써 고통과 즐거움을 구분하는 마음을 극복하는 것을 배우게 되어 마음을 강하게 만들 수 있습니다.

12년 동안 서 있기로 맹세한 요가수행자가 있었습니다. 그는 12년 동안 앉지도 눕지도 않았습니다. 나는 그의 제자들이 타협안을 받아들이라고 스승을 설득했다고 생각합니다. 제자들은 스승이 서서 기댈 수 있는 지지대를 만들었기 때문입니다. 이 같은 행위의 목적은 무엇일까요? 이것은 6시에 일어나는 일을 내일 아침 6시에도, 모레 아침 6시에도 그리고 4일 동안, 4개월 동안, 4년 동안, 40년 동안 하면 6시에 일어날 힘이 마음에 있는 것을 알게 되는 것과 같습니다. 계속 반복하다 보면 마음에 그 힘이 존재하는 것을 깨닫게 됩니다.

2년이나 3년 동안 아침 6시에 일어나면 더 이상 애쓰지 않아도 그 시간에 일어나게 됩니다. 이제 정화가 된 것입니다. 그 마음에는 소홀함과 게으름이 더 이상 없습니다. 약간의 힘(ha-tha)을 들여서 계속 반복하고 조금만 노력하면 마음의 습관을 바꿀 수 있습니다. 때로 오전 10시까지 또는 8시까지 잠을 자곤 했으나 집중적인 반복으로 마음의 습관을 고치게 될 것입니다. 오전 6시에 일어나는 것은 일상적이고 자연스러운 일이 되고, 마음이 정화되어 마음에 있던 속성이 제거됩니다. 이 정화 지점에 다다를 때, 나태하고 불순한 점을 극복할 때 여러분은 "이제 어디로 갈까?"라고 말할 것입니다. 그리고 육신을 정복하는 것과 같은 또 다른 작은 목표를 세우게 됩니다.

하타 요가는 몸을 정복하는 것입니다. 사람들은 세상을 정복하기 위해 밖으로 나갑니다. 그러나 세상에서 가장 위대한 정복은 자신을 정복하는 것입니다. 보통사람은 몸을 정복하는 것으로 시작합니다. 마음을 먼저 정복하고 나서 몸을 정복하는 사람은 극소수입니다. 앞에서 말했듯이 사람들은 그들이 넘어져 있는 땅에서 시작해야 합니다. 진흙으로 만든 집에 있으므로 이 진흙집에서 몸을 정복하는 것으로 시작해야 하는 것입니다. 몸이 여러분의 적

(敵)이 돼서는 안 됩니다. 몸이 여러분에게 명령하게 해서는 안 됩니다. 여러분이 몸에 명령을 내려서 몸의 습관을 깨뜨려야 합니다. 이것이 몸에 열을 내고 연습하고 반복된 행동으로 습관을 바꾸는 타파스에 속하는 일입니다.

고대와 중세에 극단적인 고행과 금욕 수행으로, 하는 사람도 보는 사람도 불쾌하게 만드는 바람직하지 못한 몇몇 학파가 있었습니다. 그러나 19세기와 20세기에는 이런 형태의 금욕주의에 극도의 적대감을 드러내기도 했습니다. 14, 5세기나 16세기에 신앙심이 이런 형태의 고통스러운 금욕 생활을 통해 자신을 정화함으로써 신에게 도달하는 것을 목표로 했던 것처럼 현대인은 편안함을 목표로 합니다. 극단적 금욕 수행이 극단적 편안함으로 대체되었습니다. 하타 요가는 바로 이 편안한 금욕 수련입니다. 너무 불편한 수련을 하지 말고 약간의 훈련만 하세요. 조화롭고 부드럽게 수련한다면 목적을 이룰 수 있을 것입니다. 여러분은 점차 하타 요가 수련에서 편안함을 느끼게 될 것이며 하지 않으면 오히려 불편함을 느낄 수도 있을 것입니다. 하타 요가는 과거의 극단적 금욕주의가 더 온건한 형태로 변한 것으로, 몸을 정복하는 목적으로 수련하는 것입니다.

그런데 왜 몸을 정복해야 할까요? 육신(flesh)의 정복에 대한 기독교 교리를 예로 들어봅시다. 서양에서 '육신을 지배하다/이기다/억누르다'라는 구절을 사용할 때는 곧 성적 욕구나 어떤 욕망을 억누른다는 뜻으로 생각합니다. 그러나 여기서 우리는 단지 욕망을 극복하는 것에 대해 말하는 것이 아니라 몸 전체의 모든 기능, 각각의 기능을 지배하는 것에 대해 말하는 것입니다. 여러 자세를 수련하는 동안에는 다른 욕망이 없습니다. 왜 그럴까요? 그것은 마음이 한 번에 한 가지만을 바랄 수 있기 때문입니다. 말하자면 수련을 하는 45분 동안 여러분의 마음은, 몸이 움직이고 이완되며, 긴장이 풀리고 통증이 사라지는 과정을 통해 몸이 훈련되고 마음에 복종하는 것을 집중해서 바라보기 때문입니다. 하타 요가를 매일 규칙적으로 수련하는 사람은 하지 않는 사람보다 육신의 욕구를 억제하기가 더 수월할 것입니다. 그렇다고 엄격한 금욕 생활을 해야 한다거나 누구나 독신주의자가 되어야 한다는 말은 아닙니다. 또 다른 예로 과식을 하려는 욕구를 들 수 있는데, 자신의 몸에 대해 민감할 때면 이런 욕구를 지배하기가 훨씬 쉽습니다. 여러분은 자신의 에너지를 신체로 흡수해서 다시 사용하는 것을 배워야 합니다.

 마음으로 몸을 지배하는 것은, 몸이 반드시 마음의 지시에 따라야 한다는 하타 요가 철학의 첫 번째 목표입니다. 마음이 "움직여."라고 말합니다. 그러면 몸이 움직입니다. 마음이 "손으로 땅을 짚지 말고 종아리 근육과 무릎과 허벅지 근육만을 사용해서 일어서."라고 말하면 몸은 그렇게 합니다. 몸이 "아, 너무 피곤해. 푹신한 쿠션이 놓인 이 편안한 침대에 심하게 비틀린 척추를 눕힐 거야. 아, 정말 편안하다."라고 말하지 않습니다. 마음을 지배하는 몸의 그런 무력한 힘은 없애야 합니다. 그렇지 않으면 오랫동안 앉아서 명상을 할 수도, 깊은 호흡을 할 수도, 건강을 유지할 수도, 적절한 지시로 소화기 계통을 움직일 수도 없습니다.

우리 몸을 신을 예배하기 알맞은 그릇으로 만드는 것이 하타 요가의 목적입니다. 이것이 고대의 요기들이 하타 요가 과학을 시작한 유일한 이유였습니다. 몸이 정화되지 않으면 정신을 정화하는 과정에서 부정적인 영향이 있게 되어 곧바로 몸의 한두 군데가 마음이 수행하는 예배, 기도, 명상에 방해가 될 것입니다. 평온한 상태에서 노력하는 이러한 타파스는 위대한 스승 파탄잘리(Patanjali)의 가르침에 부합하는 하타 요가의 전체 수련과정에 있습니다.

하타 요가의 두 번째 측면은 예배와의 관계입니다. 신체 요가 수련자들 가운데 얼마나 많은 사람이 예배하는 마음으로 수련하는지는 알기 어렵습니다. 나에게 하타 요가는 예배입니다. 그렇지만 나는 무언가를 고안해 내거나 새롭게 해석하지는 않습니다. 해석은 언제나 존재했습니다. 왜냐하면 전체 수련과정이 시작되었을 때와 같기 때문입니다. 인도나 서양에서 하타 요가가 예배의식에서 분리된 것은 현대에 와서입니다. 현대인은 말로 하는 예배만 알고 있습니다. 찬가를 노래하고 기도를 염송하고 영감을 주는 말 등을 입으로 합니다. 몸으로 예배하고 마음으로 예배하는 두 가지 형식은 거의 잊혀지고 있습니다.

진리를 추구하는 사람은 마음과 말과 돈이 함께 조화를 이루는 사람입니다. 사실 옛 전통에서 인격의 일치를 정의하는 한 가지는, 진실한 말과 진실한 행동이라는 면에서 "마음으로 생각하는 것을 말로 표현하고, 말로 표현하는 것을 행동으로 실천한다. 이렇게 행동으로 실천하는 것이 완성되고 성취되는 것이다."였습니다. 이와 같이 인격 전체가 포함되는 것입니다. 하타 요가에서처럼 예배와 수련은 분리되어서는 안 됩니다. 근육과 입과 마음 이 모든 것이 반드시 전부 포함되어야 합니다.

전체 인성의 통합은 수르야 나마스카라(sūrya-namaskara) 즉 태양 경배를 통해 경험할 수 있습니다. 인도에서는 아침과 저녁 예배의식으로 태양을 마주하고 앉는 것이 과거에도 전통이었고 지금도 전통입니다. 기독교 전통에서 태양은 그리스도를 상징하며, 일출은 부활절입니다. 우리는 이렇게 상징적으로 연상되는 것들을 가지고 있습니다. 인도에서 모든 예배의식은 태양을 바라보고 하거나 아름다운 자연 현상을 마주하고 실행하기도 합니다. 강가에 앉아서, 흐르는 물가에 앉아서 명상을 하는 것이 나에게는 가장 아름다운 경험입니다.

태양은 빛의 상징입니다. 태양이 뜨기 전에 일어나는 것이 이상적입니다. 인도사람들은 일반적으로 태양이 뜨기 전에 마을 밖으로 나가서 흐르는 물에 몸을 씻습니다. 지역에 따라 시간은 많이 차이가 나지만, 인도의 시간대는 한 시간 정도 차이가 있습니다. 오전 4시 30분에서 한 시간 전후의 시간을 브라흐마-무후르타(brahma-muhūrta), 즉 브라흐만(Brahman)의 시간으로 신성하게 여깁니다.

대략 오전 3시에서 4시 30분까지인 브라흐마-무후르타는 아주 기이하고 강력한 시간입니다. 상당히 많은 강력범죄가 이 시간에 일어나며, 병원에서 많은 수의 환자가 이 시간에 사망한다는 보고가 있습니다. 또한 다수의 수태(受胎)가 이 시간에 이루어집니다. 우리 주위의 에너지장이 더 강력해지는 시간인 것입니다. 이 시간이 예배를 위한 시간, 타파스와 여타의 수행을 위한 자연의 시간입니다. 자신의 에너지를 굴절시켜 강력범죄를 저지를 수 있고, 사랑에 빠져 수태를 일으키는 주된 역할을 할 수도 있으며, 가만히 앉아서 명상을 할 수도 있는 시간이 이 시간입니다.

요즘은 모든 요기가 이 시간에 명상을 하지는 않지만 인도의 대다수 아쉬람(āshram)에서는 수련자들이 이 시간에 일어나 샤워를 하고 확고한 자세로 수행을 합니다. 이것을 형식적으로 받아들여서는 안 됩니다. 사람들은 "음, 나는 4시에 일어나지 못해. 그래서 더 이상 하타 수련을 할 수 없어."라고 말하는데, 그렇지 않습니다. 이른 아침에는 떠오르는 태양을 바라볼 수 있습니다. 사실 '예배'(worship)를 뜻하는 산스크리트어 산드야(sandhyā)는 동틀녘이나 해질녘 또는 낮과 밤의 연결, 결합을 의미하기도 합니다.

태양을 향해 서 있을 때 여러분은 자신이 평범한 자연현상 앞에 서 있는 것으로 여겨서는 안 됩니다. 요가의 전 과정은 우리가 반복해서 말하고 있는 철학적 인식, 즉 소우주(인간의 작은 세계)와 대우주(우주) 사이의 조화에 의지합니다. 명상자세에서 거의 타원형을 이루는 우리의 몸인 이 알 속에 있는 것이 우주의 알 속에도 있습니다. 우주의 알 속에 있는 것은 무엇이든 몸이라는 알 속에도 있습니다. 요가(요가=결합, 하나 됨)에서 이 개념은 우주와 인간의 결합을 확립하고 이 둘이 하나가 되는 것입니다.

태양과 달이 빛날 때, 우리 내면의 태양과 달은 어디에 있을까요? 왜 혈관을 해변이라고 생각할까요? 정맥과 동맥은 땅에서 흐르고 있는 강과 어떤 연관이 있는 것일까요? 내가 바라보는 하늘의 빛과 광휘는 내 눈에 있는 빛과 광휘입니다. 내 눈에 있는 빛과 광휘는 스스로 존재하는 것이 아니라 내 마음에 있는 프라나의 빛, 내 몸에 있는 프라나와 생명력이라는 빛으로 인해 존재합니다. 태양은 내면의 빛을 상징합니다. 프라나에 대해 반드시 읽어야 하는 경전이 있는데, 그것은 11편의 주요 우파니샤드(Upaniṣad) 중 하나인 프라쉬나 우파니샤드(Praśna Upaniṣad)입니다.

이 내적 생명력인 프라나와 빛나고 있는 태양은 어떤 관계가 있을까요? 그것은 물리적인 태양 광선을 자각하고 의식하는 것뿐만 아니라 태양 안에서 빛나고 있는 바로 그것, 우리 몸에 있는 프라나, 생명력, 인식, 생기인 바로 그 힘으로, 이 둘은 신의 빛과 하나이며 같은 것입니다. 태양과 우리 몸에서 빛나는 하나의 빛이며, 이런 이유로 서로 끌어당기는 것입니다. 이 둘이 공통의 기원을 지녀서가 아니라 본래 하나이기 때문입니다. 태양을 바라볼 때 우리는 즉시 위대한 명상가들이 체험하고 전해 준 내적 깨달음인 만 개의 태양이 빛나는 것 같은 그 위대한 빛을 상기해야 합니다. 왜냐하면 외적인 것은 전부 내면에 있는 것을 상징하기 때문입니다. 여러분 삶에서 외적인 행위는 반드시 여러분 안에 있는 신성한 형상과 내적으로 연결되어야 합니다.

아침에 하타를 하는 것은 이 관계를 신체적으로 확립하는 것입니다. 밖으로 나와서 태양을 마주 보고 서서 위를 바라봅니다. 그러나 곧바로 시작하지 않고 몸을 풀어 자신을 빛의 영역에 담급니다. 내면의 영적인 빛, 여러분의 생명력과 신체에 있는 프라나의 빛, 온 우주에 있는 태양의 빛에 몸을 담급니다. 이렇게 정신적으로 접촉하는 것입니다. 이렇게 하지 않으면 여러분의 마음가짐은 올바르지 않아서 요가를 시작할 수 없습니다. 요가는 합일이기 때문입니다. 하타 요가를 하면서 태양 경배를 시작할 때 합일은 무엇일까요? 누구와 누구의 합일일까요? 빛의 전 영역, 정신의 빛, 태양의 빛의 결합입니다. 태양 앞에 서면 여러분의 예배 대상의 상징이 태양이 됩니다. "여기 태양이 떠올랐고 내 안에서 빛나고 있다." 그리고 곧 몸과 마음이 프라나로 채워져야 합니다. 그러면 여러분은 오직 예배하는 마음만 갖게 됩니다.

기도의 차크라(cakra)는 아나하타 차크라(anāhata cakra)입니다. 그렇습니다. 신앙과 기도를 위한 의식의 중심은 심장의 중심입니다. 많은 사람들이 손을 모으며 생각합니다. '이제 손을 모아야 해. 그러면 손에 어떤 영향을 미칠까? 어떤 이로움이 있지? 손목이나 손가락을 튼튼하게 할까?' 이런 외적인 이로움만을 찾는다면 하타 요가 수련에 발전은 없을 것입니다.

태양 경배를 배울 때 우리는 엄지손가락의 바깥부분을 심장 중심에 대라고 배웁니다. 그리고 부드럽게 누르면 감정의 중심이 이

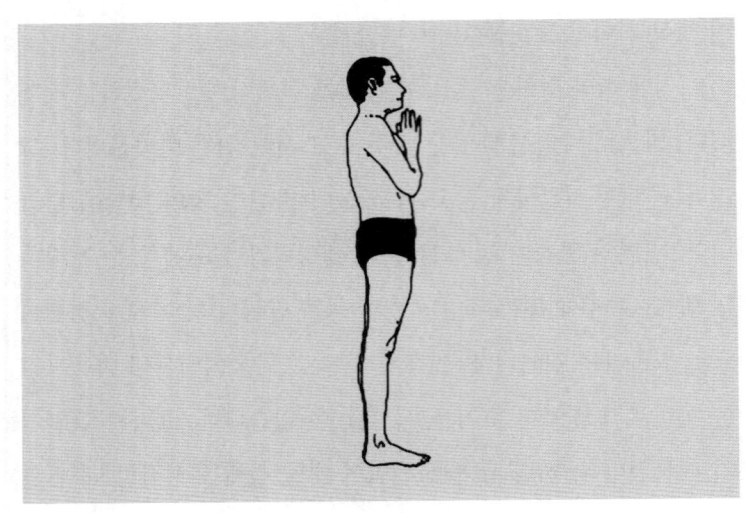

완됩니다.

여러분은 내면에서 겸손하고 경건한 마음이 일어나는 것을 의식합니다. 심장 중심을 이렇게 부드럽게 누르면 곧 목을 굽혀 머리를 숙이고 싶은 마음이 일어납니다. 이 감정은 단순한 신체반응이 아니라 예배하는 마음가짐입니다. 이런 느낌이 일어난 다음에 바로 서서 수련을 시작합니다.

이것은 하타 요가 수련만이 갖는 고유한 태도는 아닙니다. 인도의 고전무용은 항상 찬가로, 경의를 표하는 말로, 예배와 내맡김의 말씀구절로 시작합니다. 무용은 사원에서 발전했는데, 이 또한 몸으로 하는 예배 행위였기 때문입니다. 그들은 몸으로 예배했고 무용 형태로 위대한 육화(肉化)의 이야기를 연기했습니다. 가령 무용을 크리스마스 미사의 일부로 생각한다면 아마 이상하게 여길 것입니다. 그러나 인도에서 크리슈나(Kṛṣṇa)를 숭배하는 행위에서 몸으로 예배하는 춤동작 없이 경건함을 드러낸다는 것은 꿈도 꿀 수 없습니다. 예배는 입으로만, 말로만 하는 것이 아닙니다.

그러므로 하타 요가는 몸으로 하는 예배이며 각각의 자세는 정신과 연결됩니다. 꽃봉오리가 활짝 피어나면 꽃이 되듯이, 꽃봉오리 모양으로 손을 모았다가 펴면 꽃 모양이 되고 이 손동작이 꽃을 상징합니다. 이 꽃을 심장 중심에 놓습니다. 세상에 있는 모든 꽃의 비밀스러운 향기는 위대한 무언가를 찾는 나의 기도, 나의 예배, 내 신앙의 향기가 발산되기를 기다리며 내 심장 안에 있습니다.

만으 위대한 무언가를 '신'이라 부르기를 원치 않는다면 태양, 절대자 또는 의식의 힘이라 부를 수 있습니다. 여러분이 원하는 대로 부를 수 있습니다. 원한다면 내면의 강이라 부를 수도 있습니다. 그러나 예배하는 자세는 하타 수련을 시작할 때 중요합니다. 사람들은 자연스럽게 일어나서 태양을 마주하기를 원합니다. "나는 당신을 향해 일어섭니다. 나는 당신을 향해 눈을 뜹니다. 나는 당신을 향해 팔을 벌립니다. 나는 당신에게 가고 나는 들어 올려집니다. 내 영혼, 내 정신은 당신의 장엄함으로 위로 향해 이끌립니다. 나는 보잘것없는 작은 존재로 겸손해지며 절을 합니다."

태양 경배의 첫 동작은 눈을 떠 팔을 벌리고 일어나 태양을 마주 보면서 프라나가 들어오는 것을 느끼는 것입니다. 광대한 생명의 힘 브르하트(Bṛhat)의 위대한 장엄함이 내 앞에서 빛나고, 나는

전 은하에서 빛나는 빛을 손끝으로 만지기 위해 온 우주로 팔을 뻗습니다. 그곳에 이르러 장엄함에 닿았을 때 그 위대함에 나는 너무나 작게 느껴져서 절을 합니다. 그리고 팔을 내리고 손은 대지에 닿습니다. 내가 딛고 서 있는 단단한 대지, 그 빛, 그 장엄함, 그 힘에 손이 닿습니다. 대지로 내려온 프라나는 대지 안에서 나의 내면으로 올라옵니다. 나는 단단한 대지를 만집니다. 몸을 숙여 머리가 무릎에 닿고 나는 모든 피조물을 봅니다. 천사와 신들 그리고 화신뿐 아니라 살아 있는 평범한 존재들, 네 발로 서 있는 존재들을 봅니다. 나는 이들과도 교감합니다. 이들이 보는 방식으로 이 대지를 보고, 대지는 이들을 부양하는 방식으로 나를 부양합니다. 그러므로 나는 잠시 이들과 함께 지내며 애정을 기울여 대지를 공유합니다.

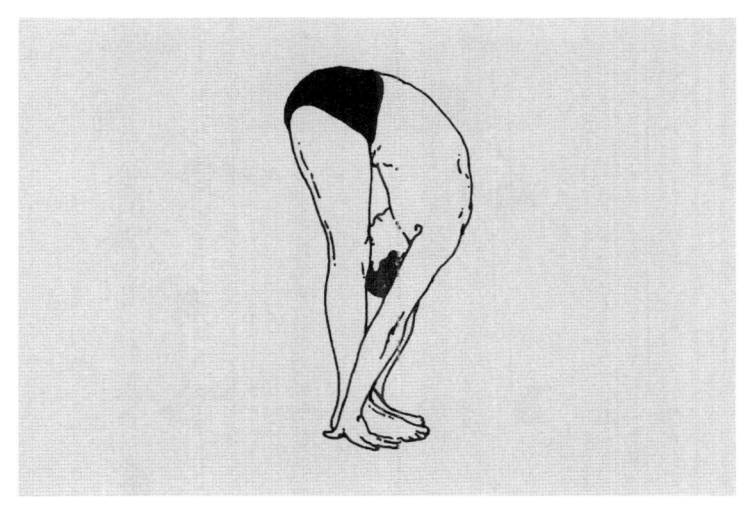

　움직임의 전 과정이 이 몸에 대한 찬가입니다. 마음이 이 시적 찬가의 분위기와 조화를 이루지 않으면 하타 요가는 없습니다. 하(ha)는 태양을, 타(tha)는 달을 의미합니다. 태양과 달이 반드시 있어야 합니다. 빛과 차가움, 활동과 휴식, 내적인 것과 외적인 것, 스스로 빛나는 것과 빛에 반사되어 빛나는 것이 있어야 합니다. 이 외에도 오른쪽과 왼쪽 콧속 등에서 호흡의 균형을 맞추고자 하는 모든 기술적 용어가 있어야 합니다. 누군가 아침에 자신의 몸으로 이 우주적인 시를 암송한다면 하타 요가의 완전한 즐거움을 경험할 것입니다. 이것이 예배입니다. 수련의 전 과정은 이런 태도와 더불어 행해야 합니다. 동작을 처음부터 끝까지 하면서 각 동작이 무엇을 상징하는지, 어떤 의미인지 느낍니다. 수련의 다양한 이름도 깊은 의미를 지닙니다.

많은 사람들이 고대 전통에서 이 전체 과정이 예배의식의 일부였다는 것을 알지 못합니다. 오늘날 하타 요가가 아닌 다른 수련을 하는 사람들도 매일 이 아침 의식을 치르며 마음에서 솟아나는 이 시를 암송합니다. 인도의 전통 성배 칼라샤(kalaśa)는 사람의 머리 모양을 한 물 항아리로, 목욕물이나 성수(聖水)를 담는 용도로 쓰이기도 하고, 종교 의식의 물 봉헌에도 사용됩니다. 아이들은 아주 어렸을 때부터 아침이면 강물에 목욕하고 강가에 앉아 명상을 하러 가면서 이 항아리를 가져가 물을 가득 채우라는 가르침을 받습니다. 항상 물이 가득 차 있어야 하는 이 항아리는 생각이 가득 찬 사람의 머리, 또는 감정적 면에서 인간이 어린아이일 때 가장 소중하게 여기는 엄마의 가슴을 상징하는 것으로, 반드시 물을 가득 채워 곁에 두어야 합니다. 아픈 사람을 위해 기도하고 싶다면 명상을 하면서 물을 채운 이 항아리에 손을 얹고 기도합니다. 그리고 명상을 마치면서 아픈 사람을 위한 치유 기도가 좋은 결과를 맺도록 의탁하고, 환자에게 그 물을 마시게 하거나 치유의 손길이 닿도록 물을 그에게 뿌립니다.

강가의 나무 아래 풀밭에서 아침 명상을 끝내고 이 물 항아리를 집으로 가져옵니다. 결코 빈 항아리를 가져와서는 안 됩니다. 오래 전부터 사람들은 누군가 여행을 떠나려는 참에 친구가 물이 가득 담긴 항아리를 가져 오면 매우 좋은 징조로 여겼습니다. 안전한 여행의 상징이라고 생각했던 것입니다. 가득 채움이 강조되었습니다. 때로 집으로 돌아오기 전에 물 항아리에 풀잎이나 초록색 나뭇잎을 몇 장 넣기도 합니다. 인도의 현대어에서도 누군가에게 "잘 지내십니까?"라는 안부 인사는 "당신은 쿠샬라(kuśala)입니까?"라고 합니다. 쿠샬라의 문자적 의미는 '아침 예배 후에 초록빛 무언가를 가지고 오는 사람', 즉 '당신은 아침에 일어나 명상 예배를 하러 가며, 초록빛 무언가를 따서 물이 가득 찬 항아리에 넣어 집으로 가져오는 것을 잊지 않을 만큼 맑은 정신을 가졌습니까?'입니다. 쿠샬라에 이 모든 의미가 담겨 있습니다. 여러분은 쿠샬라입니까? 여러분은 잘 지내십니까?

때로는 아이에게 강으로 가서 항아리에 물을 가득 채우고 태양 앞에 서서 항아리의 물을 잔잔하게 흐르는 강물에 바치듯 쏟아 부으며 강물의 안정된 흐름과 함께 호흡이 흘러가게 하는 것을 가르칩니다.

이것은 모두 상징입니다. 하타 수련의 몇 가지 동작도 상징적인 것입니다. 팔의 움직임은 여러분의 팔을 신께 바치는 것입니다. 근육을 키우려는 동작이 아니라 "저는 지금 당신께 제 팔을 바칩니다. 그리고 당신에게서 힘과 움직임을 받아들입니다."라는 의미입니다. 숨을 내쉬며 앞으로 몸을 굽히는 동작은 어머니 대지를 향해 고개를 숙이는 겸손과 겸양의 몸짓입니다. 몸을 위로 움직여 뒤로 젖히는 동작은 하늘을 올려보며 자신을 태양으로, 빛으로 가득 채우고, 자신 안으로 들어온 그 빛은 우주의 장엄함과 만나고 다시 대지로 돌아가 발산한다고 생각하는 것입니다. 어떤 자세로 정지하고 있는 것은 여러분 자신을 가득 채운 것을 계속 유지하는 것입니다.

우주에서 모든 순환과 모든 소용돌이는 창조와 유지와 소멸로 이어집니다. 이 전통에서 모든 예배는 창조, 유지, 소멸, 즉 삼위일체인 창조자 브라흐마(Brahma), 유지자 비슈누(Viṣṇu), 파괴자 시바(Śiva)의 우주적 순환을 시행하는 것입니다. 아사나(āsana)에도 창조와 유지가 있으며 이것은 순환으로 반복됩니다. 여러분은 아사나의 순환이 들이쉬는 숨-탄생과, 내쉬는 숨-죽음과 유지의 순환, 즉 탄생과 죽음과 환생의 순환이라는 것을 기억해야 합니다. 자세를 오래 유지하는 것은 수명이 길어지는 것을 상징하는데, 물론 실제로 수명을 연장하는 효과가 있습니다.

아침에 일어나면 제일 먼저 장운동을 합니다. 아이들은 아주 어릴 때부터 장을 깨끗이 비우는 훈련을 합니다. 장이 가득 찬 상태로는 수련을 할 수 없습니다. 입을 헹구고 목욕을 한 다음 신체 요가를 하고 앉습니다. 신체 요가는 자연스레 몸을 이완시키고, 이완은 자연스럽게 명상으로 이끕니다. 이렇게 몸이 안팎으로 준비가 되면 마음도 중압감 없이 가벼울 것입니다. 그러면 자연스럽게 세상으로 나와 아주 행복한 하루를 보내게 되고, 어디에 있든 하루 종일 노래를 부르게 됩니다.

아쉬람에 있는 몇몇 남학생이 이따금 나를 위해 차를 운전해 줍니다. 이것을 보고 여학생들은 "너희는 판디트지(Panditji)와 함께 하는 기회를 얻었구나."라고 말합니다. 그러면 남학생들은 "아니야. 스승님은 차에서 명상을 하시거나 찬가만 부르셔."라고 대답합니다. 나는 그저 행복합니다. 내 삶이 행복하지 않을 이유는 없습니다. 여러분, 즐겁게 사세요.

힌디어에 쿠쉬 라호(khush raho)라는 표현이 있는데, 여기에는 "행복하세요. 그곳에 서서 바람을 보고 웃으세요."라는 의미가 있습니다.

인도 헌법에는 특정 문화와 예술 활동은 상원에서 공연되어야 한다는 조항이 있습니다. 프리티비라즈(Prithiviraj)라는 대단히 유명한 배우에게 이 영예가 주어졌습니다. 그가 「바가바드기타」(Bhagavad Gītā)의 크리슈나(Kṛṣṇa) 신의 역할을 성공적으로 해낸 비밀에 대해 질문을 받았을 때 그는 이렇게 대답했습니다. "성공의 비밀이라고요? 비밀 같은 것은 없습니다. 그러나 크리슈나 신을 연기할 때 나는 배우가 아니었습니다. 나는 5천 년 전의 그 전쟁터에 있는 크리슈나였습니다. 마치 크리슈나의 영혼이 내 인격과 마음을 압도하고 나를 통해 말하고 있는 것 같았습니다. 영화에서 그의 역할을 한 것은 내 인생에서 가장 영적이고 가장 깊은 명상을 하는 경험이었습니다. 나는 카메라를 의식하지 않았습니다. 아르주나(Arjuna)에게 말하고 그를 가르치는 것을 촬영할 때 그곳에는 구도자와 같은 갈망이 있었습니다." 이것은 하타 요가의 비밀이기도 합니다. 하타 요가는 여러분을 자유롭게 할 수 있습니다.

따라서 각각의 자세에는 이러한 자각(awareness)이 있습니다. 한 가지 자세를 할 때 마음에서 기도, 경배, 자각이라는 이해가 있어야 합니다. 내 몸이 그 자세를 할 때 자연스레 어떤 기분이 되는가? 또는 어떤 기분으로 그 자세를 하게 되는가? 이렇게 양쪽을 생각할 수 있습니다. 그 자세를 할 때 어떤 감정이 되는지 그리고 어떤 감정이 그 자세를 하게 하는지. 이것을 한번 실험해 볼 수 있습니다. 여러분은 자기 몸을 알고 몸의 언어를 압니다. 몸을 '이렇게' 했을 때 또는 '저렇게' 했을 때 각각 그 의미를 압니다. 그 감정, 그 생각과 자세가 어떤 연관이 있는지 관찰하고 분석하고 극복하세요.

감정을 극복한다는 것은 감정의 위협에 휘둘리지 않고, 감정이 즐거움의 대상이 된다는 것입니다. 감정의 위협을 알고 있습니까? "나는 그럴 기분이 아니라서 이걸 못하겠어. 나는 지금 우울해." 우리는 아침에 일어나 태양을 바라보고 눈을 들어 은하계를 봅니다. 그리고 그곳에서 오는 빛을 우리 몸으로 받아들여 대지로 내려 보냅니다. 그리고 다시 대지에서 몸을 일으켜 위를 올려다보며 우리 자신을 부활시킵니다. 그런데 어떻게 우울할 수 있습니까? 어떻게 하루를 우울하게 보낼 수 있습니까? 어깨가 처진 채로 앉아서 우리가 태양의 빛과 같다고 말하는 것으로는 충분하지 않습니다. 우리는 자세를 수행하면서 힘과 극복하는 태도를 길러야 합니다. 육신을 극복할 뿐 아니라 감정을 극복하는 것으로 여러분은 하타 요가를 성취할 것입니다.

정신과 의사를 찾아갈 이유가 없습니다. 우울증이라고요? 좋습니다. 그것을 훌훌 털어 버리세요. 그것이 바로 하타에서 이루어지는 것입니다. 모든 가능한 자세를 하면서 자신을 관찰하세요. 만일 두 발로 설 수 없고 두 팔이 없다면, 만일 자신이 코브라라면 세상이 어떤 모습으로 보일까요? 그러면 세상을 어떻게 이해할까요? 코브라 자세를 하고 코브라가 보듯이 세상을 보세요. 여러분은 자신의 육화(肉化)를 마음대로 할 수 있게 됩니다. 여러분의 모든 진화 단계를 기억합니다. 그러면 여러분은 말합니다. "아닙니다. 코브라여도 좋지만 나는 코브라로 있고 싶지 않습니다. 코브라 자세로 배운 한 가지 좋은 점은 척추의 근육에 힘이 생기고 폐가 깊이 호흡하고 있는 것을 느끼는 것입니다. 이제 나는 다시 일어납니다."

일련의 하타 수업에서 여러분은 윤회의 순환을 전부 통과합니다. 나무, 메뚜기, 물고기, 악어, 코브라, 독수리, 낙타, 사자, 어린아이, 전사, 시체였고 창조, 유지, 소멸했던 전 과정을 경험하는 것입니다.

매일 어떤 것에 대한 감정이 생겨나고, 그 감정을 유지하며, 그 감정을 제거하는 것은 여러분의 의지로 할 수 있습니다. 춤추는 사람은 진정한 춤이란 감정으로부터 오는 것이라고 말할 것입니다. 여러분이 감정을 만들면 그렇게 됩니다.

  이것은 우리를 카르마를 태워 없애는 하타 요가로 이끌어 줍니다.

3

카르마 정화

Karma Purification

하타 요가의 목적 중 하나는 카르마를 태우는 것입니다. 요가 철학은 마음에서 먼저 일어나지 않으면 몸에서도 일어나지 않는다고 믿습니다. 그 어떤 것도 일어나지 않습니다. 여러분은 자신의 인성에 씨앗을 심습니다. 마음의 토양에 씨앗 하나를 뿌립니다. 그러면 씨앗이 자라서 망고나무가 되거나 오디나무, 덩굴옻나무 또는 장미나무 등 여러분이 뿌리고자 했던 것이 됩니다. 장미를 심으면 여러분에게서 장미가 자랍니다. 여러분 마음에는 생각의 원료가 자리 잡고 있습니다. 여러분 마음에 일단 자리 잡은 각 생각은 미래의 생각을 위한 원료가 됩니다. 예를 들어 방금 읽은 문장이 여러분 마음에 자리 잡습니다. 마음에 저장된 그 문장의 느낌은 차후에 일어나는 생각의 원료가 됩니다. 이 생각의 씨앗에 얼마나 물을 주고 얼마나 묵상하고 얼마나 강화했는지에 따라 몇 가지 다른 생각들이 의식적으로나 무의식적으로, 직접적으로나 간접적으로 그 느낌에서 생겨날 것입니다. 몸으로 하는 모든 행위는 생각입니다. 말로 행하는 모든 행위 역시 마음에 심어 놓은 생각입니다.

이것이 하타 요가와 명상이 연결되는 지점입니다. 몸으로 행하는 모든 행동은 마음에 심어 놓은 생각입니다. 따라서 이 생각은 마음에 심어져 있는 새로운 행위, 즉 새로운 카르마입니다. 게으른 생각을 마음에 심은 사람은 항상 게으릅니다. 그 게으른 생각이 장래에 일어날 생각의 씨앗이나 원료가 되어서 이것이 곧 습관이 됩니다. 그런 사람은 편안하게 베개를 베고 누워 다음날 아침 아사나를 할 시간에도 일어나고 싶지 않습니다. 마침내 자리에서 일어났을 때는 너무 늦었고, 배가 고프거나 고프지 않거나 습관의 힘에 떠밀려 정서적 안도감을 얻기 위해 어머니의 가슴과 같은 냉장고에 손을 뻗어 모유 대용물을 즐깁니다. 이것을 불필요한 섭취 심리라고 합니다. 우리 모두 지속적으로 이런 행동을 합니다.

사람들이 과식을 멈추려면 어떻게 해야 하는지 물어 올 때마다 나는 즉시 그들의 욕구 불만이 무엇인지 생각해 보라고 합니다. 마음이 가라앉고 허전할 때 사람들은 위를 채우고 싶어지고 그러면 마음이 채워진다고 생각합니다. 위를 채우면서 마음을 채운다고 여기는 것입니다. 그래서 잘못된 시간에 잘못된 방식으로 먹기로 결정하고, 잘못된 자세로 잘못된 생각을 하면서 먹습니다. 이전에 먹은 음식이 아직 소화되지 않았는데도 자꾸 먹습니다. 이것은 그가 결정한 일입니다.

이렇게 진행되는 잘못된 결정은 결국 질병의 원인이 됩니다. 그러므로 질병은 애초에 게으른 생각 안에 심은 씨앗에서 덩굴옻나무가 자라서 성숙한 것입니다. 게으른 생각으로 인한 게으른 태도는 몸을 올바르게 사용하지 않고, 음식을 올바르게 섭취하지 않고, 올바른 방식으로 수면을 취하지 않는 게으른 상태로 남기로 결정합니다. 그로 인한 고통은 이 사람의 카르마의 결실이 되고 결국 너무 많은 고통을 겪고 있다고 불평하게 되는 것입니다.

분별력의 도구인 붓디(buddhi)는 혼탁한 생각들에 방해를 받아서 잘못된 결정 과정을 진행하게 되고, 이런 사람은 몸을 잘못 사용하는 결정을 내리게 됩니다. 이런 불행한 결정에 의한 카르마의 결실로 고통을 겪는 것이므로 쌓인 독소 등을 제거하는 정화만이 해결 방법입니다. 지속적으로 독소가 쌓인 곳은 독소를 겉으로 드러내야 하거나 감기나 독감, 설사, 여드름 또는 염분, 무기물, 칼슘 침전물이나 암 등으로 배출하게 됩니다.

하타 요기들은 대단히 지혜로운 지침을 따르는데, 이 지침은 세상의 모든 지혜와 철학 학파들이 말하고 있는 것이며 행복하게 사는 삶의 여러 비밀 중 하나입니다. 이 지침은, 여러분이 싫어하는 것을 강요에 의해서가 아니라 자발적으로 기꺼이 행하는 것입니다. 무엇이든 여러분이 싫어하는 것을 자발적으로 하는 것입니다. 무언가를 피하려고 도망치고 있다면 오히려 돌아서서 그것을 정면으로 마주하고 "내가 이것을 두려워하는가? 이제 이것을 자세히 살펴보겠다. 이 두려움, 내가 무서워하는 이것, 다가오는 것이 싫어서 내가 도망치고 있는 이 끔찍한 것을 이제 내가 분석하겠다."라고 말하세요.

밤에 잠잘 곳을 찾는 들개는 본능적으로 안락하게 잘 수 있는 잎이 많은 지역을 찾습니다. 나와 여러분의 게으른 몸이 푹신한 방석이나 누비이불 같은 것을 찾는 습관과 같습니다. 우리는 몸이 불편한 것을 피합니다. 타파스의 이면에 있는 금욕주의는 다른 관점에서 정말 싫어하는 것을 자진해서 받아들이는 것입니다. 뒤돌아서서 말합니다. "어디 보자. 지금 내가 피하고 있는 이 불편함은 무엇인가?" 여러분의 삶에서 한 걸음 한 걸음 이렇게 합니다. 건강, 마음, 말솜씨, 행동, 영혼, 신앙심 등에서 완성을 이루기를 원한다면 자신이 피해서 도망가고 있는 것이 무엇인지 알아야 하며 돌아서서 그것을 똑바로 쳐다보고 관찰해야 합니다. 여러분이 돌아서자마자 오랫동안 두려워했던 그것이 오히려 도망가려고 애쓸 것입니다.

여러분이 피해서 도망가면 그것이 쫓아오지만, 여러분이 돌아서서 "그래, 이제 만났구나."라고 말하는 순간 그것은 도망가려 할 것입니다. "너는 지금껏 나를 쫓아왔고 나는 너를 피해 도망쳤지. 이제 거기 서 있는 게 좋을 거다. 너를 살펴보자. 네 정체가 뭐냐? 내가 두려워하는 게 뭐지?" 이렇게 말하고, 그것을 관찰하고 분석하세요.

하타 요가에도 이 같은 원리가 있는데, 그것은 잘못 이해한 이

육체적 편안함에 대한 사랑은 나태, 무관심, 게으름이라는 것입니다. 이것은 제거되어야 합니다. 그리고 우리는 눈을 돌려서 마음의 움직임이 몸에 쌓아 놓은 과잉지방과 많은 불필요한 것들을 자발적 카르마 정화 행위로 제거해야 합니다. 우리는 매일 15분간의 불편함과 15일간의 병원신세 중 하나를 선택할 수 있습니다. 선택은 우리에게 달렸습니다. 카르마를 자발적으로 치르지 않으면 강제로 치러야 할 것입니다. 앞으로 15년 동안 15개월을 병원에서 지내게 될 것입니다. 이 또한 전적으로 우리 선택에 달렸습니다. 카르마 의식은 반드시 치러야 합니다. 만일 식이요법을 선택하지 않으면 의사가 그렇게 하도록 할 것입니다. 오늘 하지 않으면 앞으로 15년 동안 그 축적물을 대면하면서 처리해야 할 것입니다.

하타 요가 수행의 일부는 카르마를 위해 구성되며, 약간의 육체적 불편함을 스스로 선택해서 마음의 토양에 뿌린 씨앗들이 빠르게 결실을 맺는 성과를 올리는 것입니다. 몸에 있는 지방은 마음에 있는 지방을 상징하며, 마음이 막혀 있음을 드러낸 것입니다. 매번 매순간 잘못된 선택을 했다는 표시입니다.

「요가수트라」에서 정화 수련은 다섯 개의 니야마 중 첫 번째인 샤우차(śauca)입니다. 샤우차는 육체의 청결함과 정신의 정화 모두를 일컫는 낱말입니다. 마음이 정화되기를 갈망하면 즉시 몸에 있는 불결한 것들을 의식하게 됩니다. 깨끗하고 맑은 마음은 순수한 마음이며 요가로 정화된 마음입니다. 깨끗한 마음이란 어떤 부분이 깨끗하다는 뜻이 아니라 마음 자체가 완전히 깨끗해지거나 정화된 것을 의미합니다.

막힘이 없는 마음은 주변에 있는 것들을 잘 인식하게 되고 예민해집니다. 명상을 하는 요기는 림프결절에 있는 모든 독소를 인식하게 됩니다. 앞에서 언급했듯이 요기는 장 속에 있는 아주 작은 음식 조각도 민감하게 의식합니다. 요기는 보통사람들이 생각지도 않는 요인들을 의식합니다. 나는 음식이 명상에 주는 영향에 대해 매우 주의 깊게 관찰해 왔습니다. 나는 수행하는 명상 시간에 맞춰 식사를 하기 때문에 각기 다른 시간에 식사를 합니다. 명상과 명상 사이에 어느 정도의 시간을 유지할 필요가 있습니다. 나는 음식이 위장으로 들어오는 것을 즉시 자각하는데, 그것은 프라나의 힘이 막히는 것을 느끼기 때문입니다. 음식을 섭취하는 것으로 인해 일어나는 마음의 폐쇄를 정화하기 위해 다양한 유형의 수련(육체적 운동이 아니라 미세한 내적 수련)을 해야 합니다.

따라서 우리는 마음의 정화로부터 자동적으로 몸의 정화로까지 나아갑니다. 깨끗한 마음이 혼란스러운 환경에서 살 수 없는 것처럼 순수한 마음은 불결한 몸에서 살 수 없습니다. 깨끗한 마음은 일상의 습관을 자리 잡게 합니다. 건강에 좋지 않은 습관은 아침에 배변을 하지 않고 음식을 먹는 것입니다. 이것은 건강한 신체를 열망하는 사람은 생각할 수 없는 일입니다. 배설해야 할 음식물 위에 더 많은 음식을 어떻게 계속 쌓을 수 있습니까? 마음을 정화하는 샤우차를 수련함으로써 우리는 자연스럽게 몸을 정화하고 싶어질 것입니다.

신체와 미세한 몸은 어떤 관계가 있을까요? 어떤 것이 미세한 몸에서 먼저 일어나지 않으면 우리 신체에서는 아무것도 일어나지 않는다고 말합니다. 우선 의식에 냄새의 개념이 없다면 꽃향기를 맡는 것은 생각할 수 없는 일입니다. 우리 마음이 '고체'라는 추상적 개념을 인식하고 있지 않다면 단단한 물체를 만진다는 것은 생각도 할 수 없습니다. 그렇지 않으면 주체와 대상 이 둘은 연결되지 않을 것입니다. 대상이 있어도 주체가 그것을 인식할 수 없기 때문입니다. 외부로 향하는 본성이 주변 대상에 반응할 때 이런 원리가 적용되듯이, 미세한 몸과 그 주변의 대상 사이에도 이것이 적용됩니다. 미세한 몸의 주변 대상은 무엇일까요? 신체입니다. 자아의 주변 대상은 무엇일까요? 마음입니다. 미세한 몸의 주변 대상은 신체 즉 손, 발, 다리, 인체 기관입니다. 신체의 주변 대상은 무엇일까요? 벽, 녹음기 그런 것들입니다. 대상이 자극하고 감각이 반응하듯이, 신체가 미세한 몸을 자극하고, 미세한 몸이 신체에 반응하는 것입니다.

오늘날 많은 의사들은 무엇을 하고 있습니까? 의사들은 환자에게 갑상선 문제를 치료하는 약을 줍니다. 그러나 어떤 카르마, 어떤 종류의 의식에서 이 갑상선 문제가 일어나는 것일까요? 오늘날 의사들은 이것을 고려하지 않고 있습니다. 따라서 이 증상은 은폐되고 있습니다. 정신적 측면이나 카르마적 측면에서 아무런 조치가 취해지지 않고 있습니다. 증상의 근본 원인을 다루지 않고 있는 것입니다.

오늘날 서양 의학뿐 아니라 심리학 분야에서도 이것을 다루지 않고 있는 것이 현실입니다. 예를 들어 점성학에 대한 관심이 갑자기 높아지고 있는 이유는 무엇일까요? 이것과 같은 이유로 많은 사람이 정신과 의사를 찾습니다. 그것은 "미래는 어떤 모습일까? 어떤 일이 일어날까? 내게 어떤 일이 일어날까?"와 같은 현재의 정서적 불안정을 드러내는 증상입니다. 만약 어떤 사람이 어머니나 아버지가 없다면, 그는 정신과 의사를 찾아갈 것이며, 정신과 의사가 없다면 점성술사를 찾아갈 것입니다. 이러한 사실을 인식하지 못하면서 이들 분야에 관심이 있는 많은 사람들은 내 말에 기분이 상할 수도 있을 것입니다. 그러나 나를 찾아오는 점성술에 관심이 있는 사람들 중 99%는 정서적 불안정과 불안감의 징후를 드러낼 뿐입니다. 그들은 앞날을 걱정하고 믿음과 자신감 없이 별을 바라보며 안내자로 삼습니다.

점성학이 어느 정도 완성에 이르렀고 널리 사용되고 있는 인도에서도 이런 불안감이 존재합니다. 그러나 인도의 점성술사들은 그것을 카르마와 관련해서 바라봅니다. 그들은 "이렇고 이런 것들이 당신 앞에 놓여 있습니다. 그러나 이런 카르마를 행하면 막을 수 있고, 이런 수행을 하거나 이런 자선을 행하면 물리칠 수 있습니다."라고 말해 줍니다. 예를 들어 "가서 빨간 천을 세 마 사서 다른 사람에게 주세요." 또는 "참깨를 많이 사서 다른 사람에게 주세요."라고 말합니다. 앞날에 일어날 이러이러한 일을 방지하려면 이러이러한 자선을 하라고 제시하는 것입니다. 이렇게 제시하는 것을 행하는 것은 단순한 행위일 수도 있고 그 이면에 어떤 생각이 있을 수도 있지만, 여기에는 카르마가 관련되어 있고, 주변에서 일어날 일을 방지할 수 있다는 인식이 있는 것입니다.

마음의 변화를 통해, 미세한 몸에서의 변화를 통해, 이를테면 갑상선 문제를 일으키는 원인을 제거할 수 있습니다. 여러분은 정신적 수준에서 움직입니다. 여러분이 누군가에게 목 중심에 집중하는 만트라를 주고 어깨서기 자세를 가르칩니다. 만트라, 집중, 어깨서기 다음에 이렇게 말합니다. "처방받은 약이 필요 없다고 여겨질 때까지 계속하세요." 이 사람의 미세한 몸에 에너지의 뒤틀림이 일어나지 않는다면, 목에는 아무 변화가 없을 것입니다. 이렇게 여러분은 물리적 측면에서 그리고 에너지 측면에서 노력합니다. 두 가지 측면에서 함께 움직이면서 명상적 수준, 카르마적 수준 등등에서 물리적 존재, 미세한 몸 안의 존재, 마음 안의 존재인 완전한 존재로 치료를 받습니다. 이것은 장기간의 과정입니다. 현대 서양 의학은 신속한 결과를 내는 것이 목적이고 통증을 아주 빨리 없애지만 그 효과는 대체로 일시적일 뿐입니다. 정신적 고통, 육체적 고통, 가족의 고통 이 모든 것을 고려해 보건대, 나는 현대 기술이 지구상의 모든 고통을 감소시키고 있다는 것에 의구심이 듭니다.

사람들은 아우라(aura)에 대해 자주 묻습니다. "내 아우라는 무슨 색입니까?"라고 묻기도 하지만, 사실 동양에나 서양에나 아우라에 대해 아는 사람은 별로 없습니다. 아우라가 무엇이든 개인의 아우라는 감정마다 순간마다 다릅니다. 그것은 손금을 보는 것이 신뢰가 가지 않는 것과 같습니다. 왜냐하면 손금은 마음이 변하는 것처럼 6개월마다 변하기 때문입니다. 나는 손금을 살펴보았는데, 새로운 결심을 했더니 손금이 변해 있었습니다. 마음이 약한 사람들은 속임수에 잘 넘어갑니다. 점성가가 "당신은 18세에 자살할 것이요."라고 하면 그 사람은 18세에 가서 자살하게 됩니다. 그러나 무엇이 원인이고 무엇이 결과일까요? 아마도 점성가의 말이 그 사람이 자살하게 된 원인이었을 것입니다. 심약함을 버리고 강한 의지로 실체에 접근해야 합니다. 마음이 강한 사람은 그런 예언에 현혹되지 않습니다. 그가 점성술이나 손금보기를 통해 자신의 성향을 살필 수도 있겠지만, 자신의 의지로 그런 성향을 새로운 방향으로 이끌 것입니다. 성직자는 말합니다. "내 삶은 누가 이끕니까? 별입니까? 별은 누가 이끕니까? 신이십니다. 저는 제 자유의지와 삶을 별을 이끄는 그분께 맡길 것입니다." 이것은 신에게 내맡기는 믿음으로, 이슈와라-프라니다나(iśvara-praṇidhāna)이며, 팔지 요가 중 다섯째 니야마입니다.

이제 문제는 수행인데, 사람들은 흔히 영성에 의한 수행보다 규칙에 의한 수행을 합니다. 규칙에 따라 기계적으로 수행을 하는 것입니다. "이렇게 적혀 있다. '팔은 이러이러한 각도로 움직여야 한다.' 그러니 나도 팔을 이렇게 움직일 것이다." 그러나 이렇게 수행해도 삶을 대하는 자세는 전반적으로 변함이 없습니다. 이런 면은 다이어트에 열광하고 한 종류의 약물에서 다른 약물로 옮겨가며 다이어트를 하지만, 다이어트를 대하는 태도는 변함이 없는 것에서 드러납니다. 아직도 음식은 몹시 먹고 싶거나 배가 고플 때 집어서 입에 넣어야 하는 대상일 뿐입니다. 다이어트를 시도하는 사람은 "나는 생과일만 먹을 거야."라고 말합니다. 그러나 생과일을 언제 어떻게 얼마나 먹을지는 생각하지 않습니다. 또한 음식이라는 선물을 기쁘게 받아들이고 음식을 다른 이에게 줌으로써 이 선물을 전달한다는 생각은 전혀 하지 않습니다. 그래서 다른 사람에게 음식을 주지 않고 혼자 전부 먹습니다. 두 사람이 한 집에 살고 있고 집에는 사과가 하나 있습니다. 먼저 집에 온 사람이 사과를 집어 전부 먹어 버린다면 이것은 다이어트가 아닙니다. 다른 한 사람을 위해 사과를 반쪽 남기고 자기 위장을 반쯤 비워 두는 것, 이것이 다이어트에 대한 요가의 혁신적 생각 즉 사랑으로 나누기입니다.

그런 다음 개개인의 마음은 우주적 프라나를 자기 몸으로 끌어당길 것입니다. 나는 십대 후반의 청소년들이 매일 의사에게 달려가는 것을 봅니다. 이들은 온갖 다이어트를 시도하면서, 더 자주 의사를 찾고 더 깊이 몸이 아픕니다. 왜냐하면 마음이 '나는 아프다, 나는 아프다'라는 생각을 자꾸 강화하기 때문입니다. 따라서 병이 섣부르면 마음에 그 병증이 뚜렷이 드러납니다. 그렇다고 아픈데도 의사를 찾아가면 안 된다고 말하는 것은 아닙니다. 내 말의 의도는 그것이 아닙니다.

내가 말하고자 하는 것은, 아주 작은 것이라도 그것과 연관된 전체 카르마를 바꾸지 않고, 전반적인 성장의 일부로 여기지 않은 채 별개로 시도할 수 없다는 것입니다. 나는, 채식주의자가 되어서 수행자의 식이요법으로 살아가면서 음식을 마음으로 다른 이들과 나누지 않는 사람보다는 오히려 육식을 하며 그것을 나누는 사람을 만나고 싶습니다. 만약 여러분이 즐거움만을 위해서 음식을 먹는다면 바가바드기타(Ⅲ장 13)*에서 말하듯 여러분은 죄를 먹고 있는 것입니다.

사람들은 "하타 요가를 하기 전에 목욕을 해야 할까요? 아니면 하타 요가를 한 후에 해야 할까요?"라고 묻습니다. 그들은 정해진 규칙을 기대합니다. 그런데 샤워를 한다는 것이 무엇입니까? 모든 물이 어머니의 물이고, 물로 들어가는 것은 자궁으로 들어가는 것이며, 태고의 우주적 대양에 몸을 담그는 것이며, 매일 샤워를 하는 것은 요르단 강에서 세례를 받는 예수이며, 샤워를 하는 것은 포기하는 행위, 몸과 마음의 더러움을 씻어 내는 행위라는 의미를 돌이켜볼 수 없다면 샤워는 몸을 씻는 것에 불과할 뿐 아무 의미가 없습니다. 그리고 심리적 효과를 놓치는 것입니다. 왜냐하면 우리는 신화를 파괴하고, 밀턴(Milton)을 죽이고, 단테(Dante)를 살인했으며, 고대 그리스 문화를 파괴하고, 개인의 마음과 우주적

---

* 제3장 13절: "제사에서 남은 것을 먹는 선한 사람들은 모든 죄과에서 해방되지만, 자신만을 위해 음식을 짓는 악한 사람들은 죄악을 먹는 것이다. 『바가바드기타』, 길희성 역주, 서울대학교 출판국, 2014, p.7.

마음의 연결을 잘라내고, 학교에서 시를 낭송하는 것을 너무나 부끄럽게 여기기 때문입니다. 이 모든 집단적 문화 파괴자들 때문에 샤워는 그저 몸의 먼지와 땀을 씻어 내는 행위일 뿐입니다. 그러나 샤워가 심리적 만족, 영적 만족, 의식을 치르는 만족, 마음을 씻고 전반적인 생각의 양상을 변화시키는 것이라는 사실을 놓치고 있습니다.

여기에 현대인의 근본적이고 심리적인 문제들이 있는 것입니다. 대상은 그저 대상일 뿐이며, 정신적 연결점은 없습니다. 우리 자신과 어머니의 강물 사이에서 미세한 몸으로부터 흐르는 것은 아무것도 없습니다. 이런 전반적 태도가 변하지 않는다면 태양 경배 자세를 할 때 몸의 움직임은 아무 소용이 없습니다. 신체 요가를 수련할 때, 마음의 연결점을 마음의 중심과 광대한 우주 에너지 장 사이에 두도록 하세요. 이 둘은 하나입니다.

요가 철학에서는 타마스(tamas, 안정성), 라자스(rajas, 활동성), 사트와(sattva, 조화)라는 세 가지 보편적 속성을 이야기합니다. 인격적 단계에서 타마스는 무기력, 마음의 무거움이나 의기소침을, 라자스는 흥분 혹은 신경과민을 그리고 사트와는 즐거움, 마음의 투명함과 조용함의 형태를 취합니다. 자연의 모든 것에 이 세 가지가 들어 있습니다. 음식도 마찬가지며, 요기는 주변에 있는 모든 재료에서 경험하고자 하는 것을 선택하는데, 각각의 경험이 미세한 몸에 그 인상을 남기기 때문입니다.

음식은 각기 타마식하거나 사트빅하거나 라자식한데, 사람은

3. 카르마 정화

그 이상으로 사트빅하거나 타마식하거나 라자식합니다. 음식섭취는 종합적 상황에서 보아야 합니다. 올바른 음식을 선택하는 것이 좋습니다. 하지만 음식과 조화를 이루는 올바른 마음가짐을 먼저 선택해야 합니다. 그렇지 않으면 좋은 음식도 나쁜 음식이 됩니다. 만약 고기 대신 샐러드를 먹는데 오로지 자기 자신만을 위해 음식을 먹는다면 소화 장애를 일으키는 카르마의 씨앗을 심는 것입니다. 소화에 문제가 생기는 것은 카르마적, 이기적 음식섭취 때문입니다. 이기적 섭취는 마음에 소화계통의 문제를 일으키는 조건을 만들며, 그것으로 생긴 불안감은 우리 내면에 일어날 것이며 궤양이 생길 것입니다.

사트빅한 음식을 먹는 것이 좋지만 우리가 먹는 동안 사트빅한 생각을 하는 것이 더 바람직합니다. 만약 지난날 거짓말을 일삼아 왔다면, 긴장과 불안을 지속하게 만든 숨은 죄를 지닌 것이며, 천식이 있을 수밖에 없습니다(물론 이것이 천식의 유일한 원인은 아니며, 모든 질병은 다양한 원인으로 생깁니다. 그러나 여기에서는 지금 이야기하고 있는 것과 관련된 것을 말할 뿐입니다).

우리는 미세한 몸에서 오는 이런 심리적 영향에 대항하는 새로운 행동을 취함으로써 카르마적으로 상황을 극복할 수 있습니다. 그러나 죄의식을 느끼면서 행동할 수는 없으며, 긍정적 강화로만 할 수 있습니다.

그러므로 "나는 소화 장애로 괴롭다. 이건 이기적 음식섭취의 카르마에서 생긴 것이니까 이제부터는 샐러드를 준비해서 옆집과 나누어 먹으면 이런 괴로움이 사라질 거야." 한다면 문제는 해결되지 않을 것입니다. "보시 그릇을 들고 있는 수도승을 만나게 해 주세요. 히말라야협회에 바나나를 보내게 해 주세요. 그러면 소화 장애로 괴로워하지 않게 될 거예요." 아닙니다. 이렇게 접근해서는 안 됩니다. 이 행동에는 사랑과 배려와 나누려는 의향이 담겨 있어야 합니다. 그리고 순수하고 긍정적이며, 이타적이어야 합니다. 결과를 바라지 않고, 그 행동의 결과물을 요구하지 않을 때만이 오직 미세한 몸 내부에서 필요한 변화가 일어날 것입니다. 이 변화는 매순간 정신적 몸과 물질적 몸의 관계를 조절할 것입니다. 그 순간, 보이지 않는 조절을 통해 내분비선의 분비물이 흐름을 바꾸고, 과거에 이기심 때문에 뒤틀린 에너지로 생긴 손상이 회복되기 시작할 것입니다.

개인의 행동과 태도를 바꾸어서 미세한 몸의 에너지 유형을 변화시키는 것 외에 병의 치료를 돕는 다른 방법들이 있습니다. 너무 아파서 몸을 움직일 수 없는 사람은 하타 요가 수련을 마음으로 할 수 있습니다. 이 수련은 몸의 병든 부분을 위해 정신적으로 행하는 것입니다. 그러나 여기에는 한 가지 비밀이 있습니다. 그것은 바로 호흡입니다. 예를 들어 몸에 종양이 있다면 침대에 누워 몸을 편안히 하고, 마치 악성 종양을 숨길을 통해 그 부위에서 밖으로 내보내듯이 숨을 내쉬는 것입니다. 몸에 종기가 있을 때에도 이같이 합니다. 통증이 가라앉고 독성이 감소할 것입니다. 숨을 내쉬어 종양 부위에서 위쪽으로 흘러 콧속을 통해 밖으로 내보내고,

마치 평화와 치유가 그 부위로 내려가듯 숨을 들이마시는 것이 이 호흡법입니다. 만약 어떤 문제가 있어서 수련을 할 수 없다면 이 호흡 수련을 할 수 있습니다. 날숨이 심장 부위에서 나와 위로 흘러 밖으로 배출되고, 들숨이 그 부위로 흘러들어가듯이 호흡합니다. 이 호흡을 매일 한 시간 이상 집에서나 병원에서 침대에 누워 합니다. 이것이 복합적이고 오래된 자가치유(self-healing)의 첫 번째 수련입니다.

우리는 신체를 움직이면서 동시에 가슴을 열고 수련을 합니다. 팔을 활짝 벌릴 때 그저 허공에 팔을 펼쳐서는 안 됩니다. 우리는 전 우주를 향해 팔을 벌리는 것입니다. 팔을 모을 때는 이기적으로 끌어당기는 행동이 아니라 껴안고 모으는 것입니다. 하타 요가 수련을 배우가 연기하듯이 해서는 안 됩니다. 긍정적인 감정이 일어나게 해야 합니다. 하타 요가를 수행할 때 또는 예술가가 작품 활동을 할 때 가장 큰 문제는 감정을 마음대로 조절할 수 없다는 것입니다. 이 또한 우리가 배울 필요가 있는 것인데, 적절한 때에 감정을 변화시키되 신체로 묘기를 보여 주는 것처럼 수련을 하지는 말아야 합니다. 그러므로 목욕을 하든 팔을 벌리든 이런 행위가 마음에 자극이 되게 합시다.

태양 경배 자세에서 각각의 움직임과 조화를 이루는 몇 가지 만트라가 있습니다. 태양 경배의 25가지 순환과 함께 하는 하나의 완전한 만트라도 있습니다. 어떤 만트라는 특정 자세에서 수행합니다. 또한 아사나의 다양한 이름, 동물의 이름들은 카르마적 순환을 말합니다. 84가지 기본적인 일련의 아사나는, 인간으로 태어나기까지 한 영혼이 거쳤던 8백 4십만 가지 종(種)과 하위 종의 순환을 상징한다고 역사는 가르칩니다. 84개 아사나에서 하나의 아사나가 십만 가지 종을 상징하는 것입니다. 여기서 8백 4십만 종을 전부 열거하지 않겠지만, 구도자는 각각의 자세를 하며 '여기에도 삶이 있구나. 내가 뱀에게서 무엇을 배울 수 있을까? 낙타의 몸에서는 무엇을 배울 수 있을까?' 하고 깨닫게 됩니다. 예를 들어 상체를 씻어 내는 것은 쿤잘라 크리야(Kuñjāla Kriyā) 즉 '코끼리 행위'라고 부릅니다. 코끼리는 일정 양의 물을 마시고 그것을 뿜어냅니다. 그래서 고대의 요기들은 매일 아침 위장을 청소하기 위해 물을 마시고 뿜어 내는 것을 배웠던 것입니다. 요기들은 모든 동물을 관찰하면서 "우리 인간이 지적(知的)인 것을 추구하며 잊어버린 것을 동물들은 건강을 위해 본능적으로 하고 있다."라고 말했습니다. 그리고 뱀이 기지개를 켜듯 몸을 뻗는 것을 보면서 그것이 어떤 효과가 있는지를 관찰했습니다(뱀은 척추만 있습니다). 트라타카(trāṭaka)는 한곳을 응시하는 수련인데 이것도 뱀을 관찰해서 터득한 것입니다. 어떤 종류의 뱀은 먹잇감을 노려보며 최면을 건다고 합니다(뱀이 먹잇감에게 최면을 거는 것과 먹잇감이 뱀을 보면서 공포에 질려 꼼짝 못하게 되는 것은 좀 다른 문제입니다).

구도자는 아사나를 수련했을 때, 본능과 지성의 관계를 재확립합니다. 만일 하타 요가와 아사나 과학을 오늘 전부 잃어버린다 해도 인류는 그것을 곧 재발견할 것입니다. 인간과 동물계에 민감한 몇몇 사람이 그들 내면에서 지식을 발견할 것이기 때문입니다. 자연과 우리 본성에는 발전하고 상세히 설명되고 사용되기를 갈망하는 직관적인 무엇이 있습니다.

나는 갓 태어난 내 아들 앙기라스(Angiras)를 병원에서 집으로 처음 데리고 왔을 때 깜짝 놀랐습니다. 신생아는 가로막으로 호흡을 합니다. 아기가 몸통 전체를 움직이면서 숨 쉬는 것을 본 적이 있습니까? 나는 가로막호흡을 가르치기 위해 도처에 선생님들을 보내고 있습니다. 그리고 학생들은 가로막호흡을 배우기 위해 많은 수업료를 냅니다. "여보게, 자네 이걸 어디서 배웠는가? 어떤 요가 교실에 다녔는가?" 인간에게는 이러한 자연적인 요가가 있습니다. 하품이 무엇입니까? 이산화탄소가 쌓이면 몸은 산소를 원합니다. 몸이 긴장을 하면 긴장이 풀리기를 원합니다. 그러므로 우리는 하타 요가 스트레칭인 하품을 하면서 자연스럽게 하타 요가를 하는 것입니다.

우리의 타고난 성향을 관찰해 보면 전체 요가 수련이 자연스레 우리 것이 되는 어떤 지점이 있습니다. 우리는 지금 규칙에 따라서 요가를 배워야 합니다. 왜냐하면 우리는 내면에 있는 자연스러운 것에 예민하지 않기 때문입니다. 왜 그럴까요? 그것은 마음을 사용하는 훈련을 제대로 해 오지 않았기 때문입니다. 우리는 이성적인 마음만이 가치 있다고 들었습니다. 이성에 부합하지 않는 것은 가치가 없다고 배웠기 때문에 그런 것은 폐기하고 던져 버립니다. 종교, 제사의식, 신화, 감성, 환경, 본능 이 모든 것을 던져 버려야 한다고 배웠습니다. 아프리카 원시 부족의 여자들이 분만 중에 자연스럽게 훈련하는 과정을 우리는 강습을 통해 배워야 합니다. 르부아예(Leboyer) 박사는 인도 여자들이 아기를 낳는 과정을 관찰한 내용을 책으로 출간해서 수백만 부가 팔리고 있습니다. 우주를 보는 전체적 시각, 즉 우리는 우주 어디에 있는지, 우주와 어떤 연결점이 있는지, 우리 마음의 반짝이는 불꽃인 에너지가 태양의 코로나에서 반짝이는 불꽃과 어떻게 연결되어 있는지 그리고 이 두 가지가 같은 움직임을 가진 하나라는 것을 자기 민감성, 자기 관찰로 보아야 합니다. 우리는 그 연결이 달, 밀물과 썰물, 월경주기에 있다는 것을 알지만 아직 이해하지 못하고 있습니다.

진정한 하타 요가 철학은 수행 즉 마음 수련으로 만날 수 있습니다. 정신 훈련으로, 예배 행위로, 낮은 세계와 높은 세계의 관계를 재정립하는 것으로 마음 수련을 하는 것입니다. 본능과 뱀과 낙타와 코끼리는 하등 세계에 속하며, 우리의 실체인 에너지 존재는 고등 세계입니다. 에너지 존재는 이 물질적 몸으로 들어와 몸을 차지하고 제어하는 훈련을 하고 있는 것입니다. 이런 맥락에서 우리는 요가 수련을 해야 하고 또 즐겨야 합니다. 충분히 즐겨야 하며 의무로 행해서는 안 됩니다.

하타 요가와 명상의 관계는 네 가지 점에서 나타납니다. 어디에서 하타 요가가 끝나고 명상이 시작되는 것일까요? 물론 하타 요가도 명상적 수행입니다. 그러나 하타 요가가 명상으로 전환되는 분명한 네 개의 연결점이 있습니다. 여러분은 일련의 신체 운동을 하고 마지막 동작으로 머리서기를 하는데, 머리서기를 끝내고 다시 두 발로 서 있는 자세를 할 때에는 머리서기를 한 만큼의 시간 동안 서 있게 됩니다. 그런 다음 시체자세로 눕습니다. 예배와 제사 행위로서 하타 요가의 전체 동작은 창조와 소멸, 탄생과 죽음의 순환을 재연하는 것입니다. 깊은 호흡으로 시작하고 시체자세로 마치는 것입니다. 그러므로 우리는 매일 죽으면서 불멸의 존재가 되는 것입니다. 불멸성을 갖는 유일한 방법은 매일매일 약간의 죽음 억제 혈청을 맞는 것이며, 이것이 면역의 원리입니다. 이렇게 시체자세로 누우면 이완하게 되고 이 자세로 명상으로 이어집니다. 이것이 하타 요가에서 명상으로 전환되는 한 가지 방법입니다

두 번째는 프라나야마(prāṇāyāma)를 통해서입니다. 신체 수련은 호흡을 깊게 하도록 이끕니다. 깊은 호흡은 프라나를 조절하게 이끌고 이것이 명상으로 이어집니다.

세 번째 경로는 자연스러운 아사나 수행입니다. 여러분이 자신의 몸을 완전히 조절하게 되면 자세를 마음대로 할 수 있습니다. 한 가지 자세를 오래 유지하고 있을 때 마음은 몸을 움직이려고 계속 싸우고 또 싸웁니다. 그러나 여러분 의지의 일부가 "아니, 나는 이렇게 몸을 유지할 거야."라고 말합니다. 그러면 마음은 싸움을 멈추고 잠잠해지면서 명상으로 들어가게 됩니다. 많은 티베트 사원에서는 명상의 시작을 이 방법으로 합니다. 오랫동안 앉아서 "나는 움직이지 않겠다."라는 말만 합니다. 오랫동안이란 한 시

간이나 두 시간이 아니라 여덟 시간 또는 3년, 3개월, 3일, 3시간 동안 같은 자리에 앉아 있는 것이며, 몸을 완전히 뻗을 수조차 없게 되는 것을 의미합니다. 이렇게 완벽한 자세를 하고 움직임 없는 몸을 유지하는 것이 세 번째 방법인데, 매우 힘들지만 결국에는 마음의 고요함으로 이끌어 줍니다.

그리고 네 번째 방법은, 모든 주요한 책에서 설명하는 하타 요가의 여섯 가지 크리야의 완성을 통해 이루어집니다. 마지막 크리야가 트라타카인터, 이는 눈 운동으로 시작해서 한곳을 응시하는 것으로 이어집니다. 응시하기는 집중이 되고 집중을 오래하면 명상이 되는 것입니다.

4

완전한 신체 언어

The Whole Body Language

파탄잘리의 「요가수트라」에는 여기서 이야기할 자세에 관한 세 개의 수트라(경문)가 있습니다. 그 첫 번째 수트라는 제2장 46절의 'sthira-sukham āsanam', 즉 "요가자세는 안정적이고 편안해야 한다."입니다. 자세는 안정적이기만 해서도 안 되며 편안하기만 해서도 안 됩니다. 반드시 안정적이고 편안해야 합니다. 불편함이 없이 안정되었을 때 비로소 아사나가 완성되었다고 말할 수 있습니다. 안정적이고 편안한 아사나 자세를 취할 뿐만 아니라, 불편한 느낌 없이 오랫동안 안정적인 자세로 앉아 있는 것이 아사나의 완성입니다. 안정적이고 편안한 자세로 시작하고 아무 불편함 없이 안정적으로 만듦으로서 그 자세를 완성하는 것입니다.

우리가 이야기할 두 번째 수트라는 제2장 47절의 'prayatnaśaithilyānanta-samāpattibhyām', 즉 "(억지로) 노력하는 것이 아니라 이완을 통해 그리고 의식을 무한에 고정시킴으로써 (자세가 안정되고 편안하게 되어야 완전해진다.)"라는 의미를 갖습니다. 히말라야협회의 설립자이자 영적 지도자인 스와미 라마는 두 종류의 아사나, 즉 신체 수양(修養) 아사나와 명상 아사나에 대해 설명했습니다. 위 수트라는 명상 아사나와 관련되지만, 신체 수양 아사나도 어느 정도는 명상 아사나이며 명상하는 마음가짐 없이는 성취할 수 없습니다. 위 수트라에는 두 가지 원문이 있는데, 'ānanta-samāpattibhyām'와 'ānantya- samāpattibhyām'로, 우리는 두 가지 원문을 모두 다룰 것입니다.

한 가지 원문은, 하타는 힘이라고 말하지만 아사나를 더 잘 완성하기 위해 그 힘을 버리고 이완을 사용한다는 의미를 갖습니다. 노력과 움직임은 자연스러워야 합니다. '하타'에서 '하'는 태양이며 '타'는 달이라는 하타의 또 다른 의미를 받아들이면서 몸과 마음의 이완을 함께 이용한 호흡 리듬은 자세의 완성을 도와줍니다. 아사나를 하는 동안 마음이 마음에 저항해 싸우고 몸이 몸에 맞서 싸운다면, 이것은 자세를 완성하는 방법이 아닙니다. 마음은 완전히 이완되어야 하며, 이완된 팔다리와 마음으로, 매우 자연스러운 리듬의 움직임으로 행하는 이완된 노력이어야 합니다. 그러면 아사나는 훨씬 쉽고 편안하게 완성될 것입니다.

이러한 이유로, 아사나를 완성하는 비밀 중 하나는 마음속으로 마치 여러분이 아사나를 하고 있는 것처럼 계속 반복하는 것입니다. 이 책 제1장에서 설명한 대로, 각각의 아사나를 마치 직접 하는 것처럼 마음속으로 하면서 전체 과정을 관찰합니다. 이것이 어떤 아사나에서나 먼저 해야 할 것입니다.

하타 요가 선생은 수업 중에 마음으로 아사나를 하는 시간을 가져야 합니다. 아사나 수업을 시작하기 전에 학생들이 몸과 마음을 완전히 이완하는 동안 아사나를 설명하고 시범을 보여야 합니다. 학생들은 그것을 우선 관찰한 다음 모든 동작을 시각화해야 합니다. 자세를 취하는 것뿐만 아니라 그 자세에서 다음 자세로 우아하게 이끄는 모든 곁동작을 파악하고 이해해야 합니다. 요가를 처음 시작하는 사람들은 쉽고 자연스러우며 아름다운 움직임의 흐름을 마음으로 경험해야 효과적이고 우아하게 아사나를 수련할 것입니다. 초보자들이 마음으로, 명상적으로 아사나를 수련한 다음 마음으로 행한 아사나를 몸으로 하도록 이끌어 주어야 합니다. 이렇게 해야 정신으로 아사나를 하는 과정에서 만나는 장애물을 인식하게 될 것이고 이를 유연하게 감소시킬 수 있게 됩니다. 정신으로 하는 과정에서 이렇게 완화하면 신체 저항인 긴장이 서서히 제거되어 아사나는 불편함 없이 안정적이 될 것입니다. 이것이 'prayatna-śaithilya' 즉 '애쓰려는 마음의 이완'입니다.

이 수트라에 대한 첫 번째 다른 원문 'ānanta-samāpattibhyām'은 '마음을 무한대에 고정하고 무한에 집중'한다는 의미입니다. '무한'이란 단어는 두 가지를 의미할 수 있습니다. 하나는 우리가 어느 시각 어떤 장소에 있는 사물인 몸을 갖는다는 제한적 개념

4. 완전한 신체 언어 95

과 연관됩니다. 그것을 '몸이 무겁다', '몸이 중력을 느낀다'라는 식으로 압니다. 이러한 중력의 느낌, 무거움(guruta)은 우리가 지닌 경직성 때문입니다. 마음이, 물질적 몸이 주체인 시간, 공간, 원인의 한계를 넘어서면 전 인격은 무한의 일부가 됩니다. 시간, 공간, 순서의 경직성 안에서 쉽게 다룰 수 없는 것도 무한의 일부로 이해하면 쉽게 조절할 수 있게 됩니다.

지금 막 요가 수련을 시작한 사람이 마음을 무한에 고정시켜 많은 노력 없이 몸으로 아사나를 완성할 정도에 이른다는 것은 불가능해 보입니다. 그것은 사다나(sādhana)가 최종목표 사드야(sādhya)가 되고, 사드야가 사다나가 되는 수단처럼 보입니다. 수단 자체가 목표가 된 것 같습니다. 최고의 집중, 최상의 사마디(samādhi)의 목적은 마음을 무한에 고정하는 것이며, 아사나 등이 모든 수단입니다. 아쉬탕가 요가의 세 번째 수단인 아사나는 궁극적 무한 의식에 마음을 고정하는 것으로 완성될 것입니다. 수트라의 이 특별한 해석을 받아들인다면, 수트라는 우리가 참으로 궁극에 도달하면 팔다리가 자연적으로 완벽해질 것이라고 말합니다. 어쨌든 아시시의 프란치스코 성인에게 누가 요가를 가르쳤겠습니까? 요가 체계를 처음 확립한 사람에게 누가 요가를 가르쳤을까요? 그들은 마음이 확고히 고정되었기 때문에 노력 없이도 아사나를 완성했습니다.

여기에서 잠시 길을 벗어나, 신학계에서는 초자연적 힘 또는 산스크리트어로 싯디(siddhi)라고 하는 초자연적 현상이 은총의 선물인지 아니면 열심히 노력해서 얻은 것인지를 두고 항상 논쟁을 합니다. 기독교 전통에서는 가령 병자를 치유하는 능력, 악마를 몰아내는 힘 또는 방언을 하는 능력은 전부 성령께서 주는 은총이어서 인간 힘으로 할 수 있는 것이 아니라고 인식합니다. 이것은 매우 흥미로운 주제이며 기독교 신학에 국한된 문제가 아닙니다. 인간의 행위와 은총, 인간 자신이 노력한 결과물과 신의 선물에 대한 의문은 실용철학이 다룰 문제입니다.

요기의 모범 답안은 우리가 싯디를 가졌다고 말할 때조차도 먼저 자격을 갖추라는 것입니다. 왜 나는 그 선물을 받지 못할까? 왜 나는 늑대에게 다가가서 "이봐, 늑대 형제여, 사람을 물지 말아라." 하면 늑대 형제가 "알았어요, 성인. 물지 않을게요."라고 말할 수 없을까? 왜 이런 능력을 갖지 못할까? 어째서 하느님은 그토록 불평등하게 프란치스코 성인에게 그런 능력을 주시고 내게는 안 주실까? 기독교인이나 힌두교인이나 일본인이나 그 답은 우리가 합당한 그릇일 때 그 선물을 받을 수 있다는 것입니다. 대양을 0.5리터짜리 병에 담을 수는 없습니다. 우리 마음은 기도와 갈망, 자기정화와 단련 그리고 집중을 통해 확장되어야 합니다.

그 노력이 싯디를 이루려는, 선물을 받으려는 지향이어서는 안 됩니다. 선물은 언제나 여기에 있습니다. 신은 모든 사람이 닿을 수 있는 모든 곳에 편재(偏在)하시기 때문입니다. 신의 선물은 항상 존재하고 여기에 있습니다. 노력은 우리 자신을 정화하면서 신의 선물을 받기에 합당한 그릇이 될 때까지 해야 합니다.

내가 애정과 존경의 의미를 담아 '스와미지(Swamiji)'라고 부르는 스와미 라마께서 그 선물(싯디를 얻는 것)은 결국 자기정화를 향한 우리 노력의 산물로 온다고 하신 말씀에 나는 추호의 의심도 없습니다. 그리고 자기정화가 어느 단계에 이를 때까지 영원한 선물은 항상 그곳에 있지만, 우리는 그것을 담을 만큼 큰 그릇이 되지 못합니다.

이것은 일시적인 사마디에도 적용됩니다. 바오로 성인(Saint Paul)의 예를 들어봅니다. 예수에게 최대의 적이었던 사울(후에 바오로)은 갑자기 앞을 보지 못하게 됩니다. 빛이 번쩍이며 그의 둘레를 밝힌 후 3일 동안 눈을 뜰 수 없었습니다. 우리는 사람들에게 눈을 감는 수련을 시키는데, 그 수련을 하는 동안 눈을 감는 수련을 따로 할 필요가 없는 운 좋은 사람들이 있습니다. 빛이 번쩍거리면 눈은 멀게 됩니다. 바오로 성인의 경우, 예수를 향한 적대감의 분출은 꺼져가는 촛불의 마지막 깜박임과 같았고, 부정적 삼스카라(saṁskāras)의 힘이 빠른 폭발로 스스로 소진되어 가는 순간의 마지막 명멸과 같았습니다. 그리고 그 명멸한 흔적이 사라지자마자 바오로 성인은 보이지 않는 성자로부터 뜻밖의 은총을 받을 준비가 되었습니다. 오랜 기간 공부하고 수련해 온 사람에게는 모든 일이 순식간에 일어납니다. 인간이 9백만 년, 9천만 년에 걸쳐 겪은 진화 과정이 태아에게 9개월 동안 진행됩니다. 여러분이 어디에서 왔는지 한번 돌아보세요. 그와 똑같은 일이 명상 수련에서도 일어납니다. 이생의 삶이 시작되면서 우리는 전생에서 수련한 모든 것을 처음부터 다시 시작하게 됩니다. 그러나 지난 열 번의 환생에서 도달한 수준에 이번 생에서는 열 달 내에 도달할 것입니다. 그러면 사람들은 그가 대단히 빠른 진전을 이루었다고 할 것이며, 천부적 재능을 지녔다고 할 것입니다.

영혼이 어떤 수준에 다다르면 사카다가미 보디사트와(sakadagami bodhisattva), 즉 남은 한 번의 환생으로 스스로를 완성하는 잠재적 붓다가 되거나, 인간 모습으로 완성된 존재가 아니고는 다시 환생하지 않는 아나가미 보디사트와(anagami bodhisattva)가 됩니다. 이 경우 그는 모든 금욕적 수행을 매우 빠르게 통과하고 마지막 깨달음에 다다릅니다. 첫 요가수업에 온 학생이 연꽃자세로 앉아 이완수련을 하고 나서 "나는 소용돌이, 에너지의 소용돌이를 느낍니다. 내 주변에서 무언가 타오르는 것을 느낍니다."라고 말한다면 선생은 매우 흥분합니다. 왜냐하면 이 학생이 전생에서 모든 수행을 했다는 것을 알기 때문입니다.

여러분이 무한 의식에 자신을 열어 두면 아사나는 저절로 완성됩니다. 구한이 즐거자이기 때문입니다. 그리고 여러분 인성의 불변함은 바로 「요가-수트라」 마지막 장에서 정의한 요가의 목표 카이발야(Kaivalya) 즉 완전함(The Absoluteness)입니다. 전혀 움직임이 없는 요기를 보게 되면 산 사람이 아니라는 생각이 듭니다. 우리의 스와미지께서도 정지한 듯 너무나 고요히 계셔서 살이 돌로 변했다고 생각할 수도 있습니다.

수트라 제2장 47절의 두 번째 'ānantya-samāpattibhyām'에 대

한 해석은 "빈 공간에 집중하면 아사나를 완성한다."입니다. 광활한 공간으로 마음을 보낸다면, 우리를 스쳐 지나가는 그 공간을 상상하고 발견할 수 있습니다. 마음이 이 공간으로 갈 수 있고 점유할 수 있다면 그것은 무한이 아니라 마음에 무한처럼 보이는 것으로, 무한 같은 자연, 확장된 드넓은 공간이며, 여러분 주위의 바로 그 공간이고, 여러분을 스쳐가는 공간으로, 이러한 공간으로 갈 수 있고 점유할 수 있다면 많은 노력 없이도 몸을 가볍게 하는데 도움이 될 것입니다. 다시 말해서 수트라의 첫 번째 의미가 보여 주듯이 공간 개념에 집중하는 것으로 노력을 줄일 수 있다는 것입니다. 왜냐하면 여러분은 무엇입니까? 여러분의 전체 구조는 머리에서 발끝까지 90퍼센트가 공간으로 되어 있습니다. 따라서 여러분이 아사나를 할 때 여러분이 비틀려고 하는 것은 무엇일까요? 빈 공간이 아닐까요? 빈 공간을 비틀려는 데 무슨 어려움이 있을까요?

만약 수소원자의 핵이 사과 크기만 하다면, 전자는 12미터쯤 떨어져 있을 것입니다. 과학자들은 새로운 아원자 입자 제이 프사이 입자(J/psi particle)를 발견한 것에 흥분하고 있습니다. 이 입자는 1억만분의 1초 동안 지속합니다. 이 시간이 그것의 수명입니다. 이것은 원자 입자들이 포획할 수 있는 물질입자의 시간분할이 얼마나 미세한지를 보여 줍니다. 하나의 원자 입자가 이 정도라면, 물질 에너지의 가장 미세한 형태인 인간의 마음은 명상을 할 때 그보다 더 미시적으로 분할한 시간에 집중할 수 있습니다. 우리는 이 공간 개념을 이해해야 하며, 이것과 신체의 관계도 이해해야 합니다. 그리고 우리 몸의 대부분이 사실은 빈 공간이라는 것을 알아야 합니다. 사실이 이러한데 비틀기를 하면서 그토록 어려워할 필요가 없지 않을까요? 이 사실을 경험으로 느낄 수 있다면 아사나를 완성하는 데 전혀 어려움이 없을 것입니다.

    수트라의 세 번째 해석은 신화적 언어로 표현된 다소 철학적인 해석입니다. 신화는 흥미로운 상징적 형식을 철학에 부여한 것에 불과합니다. 철학이 잠재의식을 받아들여 신화가 됩니다. 모든 인물이 여기서 생겨납니다. 이것들은 사트와적, 라자스적, 타마스적 형태를 띨 수 있습니다. 마음과 감정적 수준에서 철학은 신화입니다. 그러므로 이 수트라는 아난타(ānanta)라는 낱말에 신화적 해석을 부여합니다. 비슈누 신은 거대한 뱀 아난타 위에서 잠을 잡니다. 아난타는 '끝이 없는, 영원한, 무한'이란 의미를 갖습니다. 아난타의 다른 이름은 쉐샤(śeṣa)인데 '나머지'를 의미합니다. 우주가 용해될 때 수호신 비슈누는 우주의 나머지, 잔여물인 똬리 튼 무한의 뱀 위에서 잠을 잡니다. 아난타의 백만 개의 머리가 이 지구를 지탱하고 있다고 신화는 전하고 있습니다. 그리고 다시 이 뱀은 거북이들이 지탱합니다. 아사나의 싯디를 달성하는 것은 이 거북이들을 만족시키는 것입니다. 거북이가 움직이면 뱀이 움직이고, 뱀이 움직이면 이 지구 전체가 흔들립니다.

    요가 언어로 아름다운 형상을 걷어내면 이 뱀이 쿤달리니(kuṇḍalinī)라는 것을 우리는 압니다. 쿤달리니가 흔들림 없이 확고해지면, 미풍도 바람도 없는 곳에 있는 불꽃처럼 몸 전체가 안정됩니다. 목소리, 시각, 청각, 감각, 말, 마음, 자세, 서기, 앉기 등 모든 것이 안정됩니다.

요기는 안정이 안 되는 사람을 보면 불쌍하고 안타깝게 느낍니다. 우리는 자신의 선택으로 자유롭게 움직일 수 있습니다. 춤을 추거나 그냥 편안히 서 있거나 할 수 있습니다. 그러나 움직임을 의식적으로 인식해야 합니다. 어느 때고 즉시 정지할 수 있어야 하며, 우리 내면에 더는 움직임이 없어야 합니다. 우리 마음은 한 곳에 고정되어야 하며 그 지점에서 전혀 움직임이 없어야 합니다. 우리가 바라는 만큼 오랫동안 그 한곳에 집중하고 있어야 합니다. 그러면 우리는 감정을 정복할 수도 있을 것입니다. 통제하지 못하고 몸을 움직이고 흔드는 사람은 감정적으로 불안하기 때문입니다. 감정이 안정된 사람은 차분하고 안정적인 몸과 목소리를 가지고 있습니다. 자세의 완성에는 이런 모든 영향이 담겨 있습니다. 그저 단순히 이런저런 자세를 할 수 있다고 해서는 안 됩니다. 걷거나 서 있거나 파티에서 이야기할 때 우리 자세는 어떻습니까? 연극학교에서는 배우들에게 좋은 자세를 유지하도록 훈련시킵니다. 그러나 이것은 부자연스러운 자세가 됩니다. 감정과 마음의 안정에서 나온 것이 아니기 때문입니다. 가만히 있지 못하고 계속 말하고 계속 먹고 계속 움직이는 사람은 감정이 불안정한 것입니다.

이런 사람이 먼저 할 일은 삶을 바르게 정돈하는 것입니다. 마음이 네 갈래로 나누어지면, 자세도 네 갈래로 나올 것입니다. 신체 언어가 이렇게 드러나는 것입니다. 우리는 진전을 이룰수록 자세를 더욱 의식해야 합니다. 감정이 자세에 작용하도록 하는 동시에 자세가 감정을 훈련시키도록 해야 합니다.

몇 년 전 어느 주말 피정에서 많은 사람들이 15분 동안 움직이지 않고 가만히 앉아 있게 하자 불평을 드러냈습니다. 어떤 사람이 15분 동안 안정적으로 앉아 있지 못한다면 그는 아마 15일 내에 직장을 그만두거나 대학 수업을 15일도 견디지 못할 수 있습니다. 또는 한 배우자와 15년을 살지 못할 것입니다. 감정적 안정이 결여되어 있어서 무슨 일에나 성실하지 못하고 계속 도망치고 벗어나려 애쓸 것입니다. 자세의 완성은 일상생활에서 드러납니다. 걷는 모습, 병원에서 일하는 모습, 타자기 앞에 앉아 있는 모습 등에서 그 사람에 대해 알 수 있습니다. 자세가 완성되면 하는 말이 달라집니다. 많은 사람들이 입으로만 말합니다. 가슴 깊은 곳에서, 마음 깊은 곳에서 나오는 것이 없기 때문입니다. 전반적으로 자세가 늘어지고, 말도 되는대로 해서 요점도 방향도 없고 전달되지도 않습니다. 그래서 마음도 전달되지 않습니다.

인도 신화에서 유지하고 교육하는 신인 비슈누신은 전 우주적 몸과 우리 개인의 몸에 스며들어 있으며 우주의 용해가 일어날 때 쿤달리니의 똬리 튼 뱀 위에서 휴식을 취합니다. 척추의 완성은 자세의 완성입니다. 왜냐하면 척추는 쿤달리니가 자리 잡은 곳이기 때문입니다. 그래서 학생들에게 연꽃자세가 숙달되도록 가르칠 때, 다리의 위치를 바꾸면서도 척추는 곧게 유지하라고 말하는 것입니다. 우리에게는 축(軸), 메루(meru)가 필요합니다. 요가적 상징에서 메루는 지구 한가운데 있는 산인데, 이 산을 중심으로 한쪽에서는 태양이 떠오르고 반대쪽으로 태양이 집니다. 척추의 산스크리트 이름 중 하나는 메루 기둥(자오선), 즉 메루단다(meru-daṇḍa)입니다. 척추는 몸의 축인 메루단다이며, 축이 곧으면 전체 몸은 균형이 잘 잡히게 됩니다.

쉐샤 또는 아난타라고 하는 뱀은 거북이 등에서 쉬고 있습니다. 이 거북이는 무엇일까요? 「바가바드기타」와 「아빌라의 성녀 테레사St. Teresa of Avila」에는 이런 문구가 있습니다. "거북이가 네 발을 안으로 끌어당기듯이 지혜로운 사람은 모든 감각을 거두어들인다." 이것이 거북이입니다. 파탄잘리의 또 다른 요가수트라(III.31)에는 'Kūrma-nāḍyām sthairyam'이 있습니다. 이것은 심장 중심부 주변에 있는 프라나의 거북이 통로, 쿠르마-나디(kūrma-nāḍi)에 집중함으로써 스타이르야(sthairya)의 싯디, 즉 "안정과 고요를 완성한다."는 뜻입니다.

거북이가 사지를 끌어당기는 것처럼 여러분의 감각을 거두어들일 때 비로소 우리 내면의 무한의 뱀이 곧게 펴져서 쉴 수 있고, 그 천 개의 머리 위에 고루 퍼져 있는 생명력을 지탱할 수 있습니다. 거북이가 흔들리면 뱀이 움직이고 지구가 진동합니다. 그러면 자세가 바뀝니다.

쿤달리니의 힘은 모든 것을 움직일 뿐 아니라 모든 것을 고요하게 합니다. 왜냐하면 쿤달리니의 자극은 이제까지 발견된 어떤 물질의 디 입자보다 더 미세하기 때문입니다. 결국 집중했을 때 마음은 여러분이 들어가 머무는 시간, 공간, 순서에서 한 지점을 향하게 되고, 몸 전체가 확고하게 안정됩니다. 따라서 이 무한의 공간에 있는 뱀에 집중함으로써 자세는 정확하고 완벽해집니다. 똬리를 풀고 몸을 곧게 뻗은 뱀을 생각하세요. 그것이 여러분의 척추입니다.

지금까지 자세를 완성하는 몇 가지 방법을 제시했습니다. 자세의 완성이란, 하타를 하면서 요가 자세를 완성하는 것이 아니라는 점을 기억하세요. 일생을 통해 자세가 완성되어야 합니다. 자세는 그 사람의 마음이 어디에 있는지를 나타냅니다. 어떤 사람은 척추를 구부리고 편한 대로 서서 휴식을 취합니다. 그래도 괜찮습니다. 그러나 그런 자신을 억제하고 즉각 척추를 곧게 펴서 얼마 동안 있을 수 있어야 하며, 그런 몸을 축으로 이용해서 마음이 우아하게 움직이도록 해야 합니다. 우리가 뱀에 대해 잘 안다면 아무도 뱀처럼 춤추는 것을 가르칠 필요가 없습니다. 우리 마음이 안정될수록 그 마음에서 더 많은 은총을 이끌어 낼 수 있을 것이며, 우리의 움직임은 더욱 잘 조절되고 우아해질 것입니다.

사람은 자기 자세를 방해하는 마음의 상태로 일을 해야 합니다. 그러면 자세는 저절로 바르고 완전하게 만들어집니다. 사람을 움직이게 만드는 것은 마음에 무엇이 있기 때문일까요? 몸자세를 움직이게 하는 것이 마음에 있는 무엇이든 간에 그것은 관계 상황을 피하려고 하는 것, 오랜 시간 어떤 것을 찾아내지 못하게 하는 것, 한 번, 두 번, 세 번 결혼하게 하는 원인, 여기저기 스승을 찾아 돌아다니고 이런저런 만트라를 수집하는 것 그런 것과 같습니다. 이것은 토끼자세입니다!

우리가 공부할 세 번째 수트라는 제2장 48절입니다. 'Tato dvan-dvānabhighātaḥ', 즉 "그러면 더위와 추위 같은 서로 반대되는 이원성으로 (더 이상) 괴로움을 겪지 않는다." 그러면 사람은 양극단(dvandvas)으로 어려움을 겪지 않고 방해받지 않으며, 이원성으로 인해 다치거나 아프거나 걱정하지 않습니다. 드완드와스는 '상반되는 한 쌍, 이항 대립'을 의미합니다. 세상에는 온갖 드완드와스가 있습니다. 온 세상이 이것으로 구성되어 있습니다. 상반되는 두 개가 하나가 되면 세상이 끝납니다. 만일 공간, 시간, 원인 이 모든 것이 하나가 되고, 과거 대 미래, 여기 대 저기의 구분이 없어지면 둘은 하나가 된 것입니다. 이와 마찬가지로 만일 우리 마음이 두 가지 선택, 갈등, 감정적 이중성, 이중적 마음으로 분리되어 있다면 우리는 정신분열증을 앓고 있는 것입니다. 왜냐하면 이 두 가지가 동시에 마음을 선점하고 있기 때문입니다. 우리 마음은 분리되어 있습니다. 감정적 이중성, 영적 이중성, 신체적 이중성이 전개되고, 우리는 상반되는 한 쌍, 즉 추위와 더위, 고통과 기쁨 등등에 얽혀 있습니다.

그래서 우리 인간의 마음에는 천국의 이미지가 그려져 있고, 이에 따라 메소포타미아, 아랍, 이스라엘 등 더운 사막지역에서 발전된 신화에는 지옥을 타는 듯이 더운 곳으로 묘사합니다. 중동

지역의 신화에서 지옥은 온통 불타고 있고, 반면 천국은 포도나무 그늘 아래 시원한 곳으로, 주렁주렁 열린 포도는 손으로 따지 않아도 입속으로 그냥 떨어지는 그런 곳으로 상상합니다. 코란에서는 천국이 시원한 물줄기가 흐르는 곳으로 묘사됩니다. 아랍 지역에서 사람들이 행복과 즐거움을 찾을 수 있는 유일한 곳은 오아시스 그늘이었기 때문입니다. 그러나 북유럽 신화에서 지옥은 얼음으로 뒤덮인 아주 어둡고 추운 곳입니다. 이생에서 바라는 것을 얻지 못하면 우리는 다음 생에서 이루기를 희망합니다. 언제나 바라고 희망하며, 이 갈망은 우리의 천국이 됩니다. 그러나 현실에는 천국도 지옥도 없고, 우리 마음에 작용하고 있는 상반된 쌍들뿐입니다.

명상 아사나를 완성하면 더 이상 그런 것들로 혼란을 겪지 않습니다. 척추의 축이 곧고 견고해서 오른쪽이나 왼쪽, 앞이나 뒤로 기울어지지 않는 완벽한 균형이 있습니다. 원심력과 구심력이 균형을 잘 이루면 회전하는 팽이가 쓰러지지 않습니다. 그것은 축이 있기 때문입니다. 여러분이 삶에서 축을 찾았다면, 그것은 바로 여러분의 자세가 보여 줍니다. 감정과 함께 몸이 견고하게 서서 여러분은 더위와 추위, 고통과 기쁨, 갈망과 만족, 찬사와 비난 등에도 쉽게 마음이 산란해지지 않습니다. 냉정하게 방관자로 드완드와스를 주시하고 이것이 여러분에게 자연스러운 훈련이 됩니다.

제자들이 히말라야 동굴에서 훈련을 받을 때, 스승은 첫날에 「요가수트라」부터 가르치는 것이 아니라 앉아 있는 연습부터 시작합니다. 모든 사람이 히말라야 동굴에 가고 싶어 하지만, 많은 이들이 명상을 하며 6시간은커녕 6분도 가만히 앉아 있지 못합니다. 이때 그 고통을 정복하는 것, 반대편의 원리를 정복하는 것이 필요합니다. 그러나 억지로 몸의 고통을 견디려고 한다면 여러분은 성공하지 못할 것입니다. 극복해야 할 것은 고통과 즐거움 사이에 놓인 마음의 이중성이며, 이것이 하나가 되어야 합니다.

따라서 상반되는 쌍을 정복하는 것은 자세가 완성되는 자연스러운 결과입니다. 그러나 일상의 감정에서 이것을 정복하지 않으면, 매순간 '이것'과 '저것' 사이에서 분열되면 여러분은 명상을 하며 오랫동안 앉아 있을 수 없습니다. 마음이 몸의 축을 통제하고 움직이기 때문입니다. 마음은 24시간 늘 변합니다. 마음은 명상을 하는 동안에도 변하고 축을 움직여 축과 메루단다를 기울어지게 합니다. 중심 산이 흔들리기 시작하고, 몸에 진동이 일어나 실룩거리며 쥐가 납니다.

극기의 참뜻은 이런 것입니다. 극기는 더위와 추위를 견디거나 눈 위를 걸어 감기에 걸리는 것이 아니라 평상복을 입고 눈 위를 걸어도 감기에 걸리지 않는 사람처럼 되는 것입니다. 마음속에서 자세가 시작되는 곳을 찾고, 그곳에서 올바른 자극, 올바른 지시를 보내세요. 그럴 때 자세가 완성됩니다. 이렇게 해서 여러분은 변덕스럽고 지나친 갈망에 더 이상 지배되지 않게 됩니다.

칸푸르 시에서 나는 우리의 스와미 라마께서 7일 동안 음식과 물도 없이, 화장실에도 가지 않고 목욕도 하지 않은 채로 미동도 않고 앉아 계셨다는 이야기를 들었습니다. 스와미지는 7일 동안 같은 자리에 앉아 계셨던 것입니다.

자세는 마음의 확고함이고 감정의 확고함이며, 삶의 확고함이고 결단의 확고함입니다. 자세는 완전한 신체 언어입니다.

5

쿤달리니-감겨 있는 에너지

Kuṇḍalinī – The Coiled-Up Energy

우리는 지금까지 숭배 의식으로, 극기로 그리고 카르마를 정화하는 수단으로서 하타 요가를 이야기했습니다. 이제 하타 요가와 쿤달리니 요가의 관계에 대해 간략하게 이야기해 봅시다. 쿤달리니 요가는, 물질적인 전기에너지나 열에너지 또는 빛에너지가 아니라 살아 있는 에너지라는 의미의 에너지 흐름과 관련된 요가입니다. 살아 있는 에너지는 나(I), 참자아(Self), 즉 "나는 그것이다(That I am)."입니다.

쿤달리니의 본류는 이다(iḍā), 핑갈라(piṅgalā) 그리고 수슘나(suṣumṇā)의 세 가의 흐름으로 나뉘어 척추를 통해 흐르고 있습니다. 수슘나는 중앙통로이고, 이다는 왼쪽, 핑갈라는 오른쪽으로 흐르고 있습니다. 핑갈라가 활동적일 때에는 오른쪽 콧속이 자유롭게 흐르며, 이다가 활동적일 때는 왼쪽 콧속이 자유롭게 흐릅니다.

쿤달리니 요가에서 의식의 낮은 중심에 놓여 있는 감겨 있는 에너지가 깨어납니다. 쿤달리니의 아주 작은 부분, 아주 작은 흐름만이 우리 안에 깨어 있으며, 이것으로 우리는 삶의 모든 경험과 활동을 해나갑니다. 뇌, 감각, 움직임, 신경, 욕망, 열정, 관념과 같은 모든 의식 기능, 우리에게 일어나거나 우리가 하고 있는 모든 것, 우리가 인식하는 생각과 행동의 과정, 경험, 기억, 창작, 천성, 시, 성행위, 폭력과 살인, 평화와 안식 그리고 평정 등이 쿤달리니의 작용입니다.

아주 적은 양의 쿤달리니의 힘이 뇌와 일곱 개의 의식의 중심과 연결된 척추를 통해 우리 신체 조직으로 방출됩니다. 손의 온기, 눈의 반짝임, 입에서 느끼는 맛, 혀를 움직여 하는 말 등 신체의 전 조직으로 전달되는 것입니다. 인간이 습득하고 이루고, 개발하고 발전시키고 성취하고, 창조하고 파괴하는 그 모든 것이 아주 적은 쿤달리니의 힘이 작용한 것입니다. 이 에너지는 물질처럼 실재하는 존재(sat)일 뿐 아니라, 의식, 인식, 생명, 신의 빛, 만 개의 태양 같은 찬란함, 척추에 있는 한 줄기 빛인 의식(chit)입니다.

요기의 궁극적인 목표는 쿤달리니의 완전한 깨어남이며, 요기의 의식은 그때부터 전 우주에 존재하는 온전한 생명력이 됩니다. 요기는 자신이 이 생명력에 접속되었다는 것을 깨닫게 되며 그 의식으로 걸어 들어갑니다. 요기에게서 나오는 초자연적인 힘은 바로 이 의식에서 비롯됩니다. 요기는 전혀 다른 세상에서 살고 있지만 특별한 행동을 하는 것으로 보이지는 않습니다. 왜냐하면 몸을 움직여 쿤달리니 요가를 할 필요가 없기 때문입니다. 쿤달리니 요가는 다른 사람에게는 보이지 않는 고도로 섬세한 형태를 지닌 요가입니다. 아마도 5억 명 중 한 사람 정도만 접근할 수 있는 실로 파악하기 어려운 요가입니다.

하타 요가가 지닌 가장 깊고 뛰어난 최고의 철학은 쿤달리니 요가를 위한 준비에 있을 것입니다. 하타 요가는 명상 수련의 조절과 방향을 위한 준비가 됩니다. 간단히 말해서 우리는 명상 자세로 앉아 있는 것이 어렵다는 것을 압니다. 발이 저린 문제를 일단 극복하고 나면 또 다른 문제를 마주합니다. 이때부터 우리는 우리의 이 거친 몸과 거친 습관이 더 섬세한 경험을 하는 데 얼마나 장애가 되는지를 점차 깨닫게 됩니다. 하타 요가는 인간을 더욱 섬세한 에너지 존재로 변화시키기 위해 몸을 갈고 닦습니다.

얼마나 많은 천사들이 바늘 끝에서 춤추고 있을까요? 다섯 명, 오십 명, 오백 명일까요? 이렇게 많은 천사가 어떻게 바늘 끝에서 춤출 수 있을까요? 그것은 천사가 우리 몸과 같은 거친 물질이 아닌 에너지로 이루어진 존재이기 때문입니다. 명상을 하면서 우리는 이것을 깨닫게 됩니다. 요가의 궁극적 목적은 인간이 순수한 신성의 에너지로 완전히 변화되는 것입니다.

아서 클라크(Arthur. C. Clark)의 「유년기의 끝Childhood's End」은 인간이 오랫동안 열망해 온 것, 즉 신들(devas, 빛나는 존재)처럼 천사 같은 존재, 에너지 자체가 되어 더 이상 거친 육신이 필요하지 않게 되는 것에 매우 근접한 내용을 담고 있습니다. 우리가 오감으로 경험하는 감각적, 육체적 세계의 경험은 에너지로 존재할 때의 경험 가운데 지극히 미소한 일부에 불과합니다.

쿤달리니 요가에서는 이 섬세한 세계의 경험들이 펼쳐집니다. 쿤달리니를 처음 경험한 사람들은 너무나도 즐거워서, 사람에게 익숙한 육체적, 감각적 경험은 쿤달리니에서 느낀 것과는 비교도 할 수 없는 것이 됩니다. 어떤 요기가 사람들이 거의 이해할 수 없는 무형의 내적 목적을 위해 감각을 이용할지라도, 요기는 우리와 달리 그것에서 즐거움을 추구하지 않습니다.

허리를 튼튼하게 하는 방법을 배우기 위해 하타 요가 수업에 오는 사람도 있을 것입니다. 허리 부위를 강화하거나 갑상선 문제에 효력이 있는 동작을 하는 것은 매우 쉽습니다. 그러나 높은 단계의 명상을 위한 준비로서의 하타 요가는 그런 것과 다릅니다.

앞서 말했듯이 우리는 매우 거친(gross) 수준에서 시작합니다. 등이 곧지 않으면 에너지의 흐름이 막힙니다. 하타 요가는 자동차 엔진에 시동을 거는 것입니다. 안쪽 스위치가 작동하지 않으면, 여러분은 차 밖으로 나가서 힘을 사용해 엔진에 시동을 겁니다. 그러나 여러분이 점화선과 점화장치가 어떻게 작동하는지 안다면, 자동차 안에서 작업할 것입니다. 쿤달리니 요가는 내부로부터 작용하고 하타 요가는 외부로부터 작용하는 것입니다.

쿤달리니 요가에서 가장 기본이 되는 이 부분을 이야기해 봅시다. 수슘나는 일곱 개의 호수를 만들면서 흘러가는 강물처럼 일곱 개의 의식의 중심을 지나는 척추를 통해 흐르는 에너지의 흐름입니다. 이 강을 사라스와티(Sarasvatī, sara는 호수를 의미합니다)라고 부릅니다.

척추를 곧게 유지하는 방법을 배우지 않으면, 더 미세한 흐름 속으로, 모세관으로, 수백만 신경조직의 끝으로 향하는 에너지의 흐름이 막히게 될 것입니다. 이 에너지 흐름의 세기는 척추의 곧은 정도에 달려 있습니다. 척추와 목이 똑바르지 않으면 흉곽이 제대로 들어올려지지 않습니다. 그러면 쿤달리니 에너지가 깊은 호흡의 흐름에 의해 자극을 잘 받지 못하거나, 호흡이 쿤달리니 에너지의 원활한 흐름에 자극을 받지 못할 것입니다.

하타 요가에서는 반다(bandha)라는 네 개의 잠금을 수련합니다. 물라 반다(mūla bandha)는 뿌리 잠금으로, 항문-생식기의 괄약근 하단과 직장 내부 근육을 위로 끌어당기는 것이며, 케차리(khecarī)는 혀 잠금으로, 혀를 위로 말아서 입천장 뒤쪽으로 넣을 수 있는 만큼 멀리 집어넣는 것입니다. 우디야나 반다(uḍḍiyāna bandha)는 위를 흉곽 안쪽으로 끌어올리는 것으로, 이때 위 아래에 틈이 생기게 됩니다. 잘란다라 반다(jālandhara bandha)는 목구멍을 잠그는 것으로, 턱을 쇄골 사이의 오목한 곳으로 밀어 넣습니다.

다섯 번째 잠금인 갸나 무드라(jñāna-mudrā) 또는 친 무드라(chin-mudrā)는 명상을 할 때 손가락을 잠그는 것으로 쉽게 할 수 있습니다. 엄지와 검지 끝을 살짝 붙여서 에너지가 밖으로 흐르지 않고 내부로 다시 돌아오도록 잠그는 것입니다. 우리의 손가락은 어린 아이의 손가락처럼 편안한 상태가 되면 저절로 구부러집니다.

항문 잠금인 물라 반다가 완성이 되면 다음 단계로 아슈위니 무드라(aśvinī mudrā)를 수련합니다. 아슈위니 무드라는 뿌리 잠금을 풀었다 당겼다 하는 것입니다. 몸을 이완하고 항문 잠금을 위로 안으로 당깁니다. 그리고 풀었다 당기고, 풀었다 당긴 다음 다시 풀어 줍니다. 그 부분 전체를 당기는 것입니다.

로마 가톨릭의 사제들이 이런 운동을 배웠다면, 금욕 수련이 좀 더 쉬웠을 것입니다. 아래로 또 밖으로 흐르는 에너지를 위로 또 안으로 흐르게 할 수 있었을 것이기 때문입니다. 성적인 생각과 관련된 의식의 낮은 중심(차크라)에서 사랑과 연민의 감정이 지배적인 심장 중심, 즉 아나하타 차크라까지 의식의 높은 중심으로 에너지를 끌어올릴 수 있기 때문입니다.

쿤달리니 요가의 개념은 에너지를 더 높은 의식의 중심으로 끌어올리는 것입니다. 이렇게 높은 중심에 에너지를 끌어올릴 수 있을 때 각각의 중심에서 여러분은 이전에 성취할 수 있었던 것보다 더 많은 것을 성취할 수 있게 됩니다. 가령 심장 중심이 열리면, 감정에 초연해진다기보다는 자신의 감정과 주변 감정에 휘둘리지 않고 다스릴 수 있게 됩니다. 또한 목 중심이 열리면, 배고픔과 목마름을 다스릴 수 있을 뿐 아니라 음악과 노래도 잘하게 됩니다. 눈썹사이의 중심이 열리면, 모든 통찰과 직관 작용을 숙달하게 됩니다.

쿤달리니 요가에서는 어떤 일이 일어나는지 보이지 않습니다. 여러분 눈앞에 요기가 앉아 있어도 그가 몸을 전혀 움직이지 않기 때문에 아무 일도 일어나지 않는 것처럼 보입니다. 그러나 그의 몸 내부에서는 섬세한 에너지 흐름이 일어나고 있습니다.

하타 요가는 이런 내부의 움직임을 위한 준비가 됩니다. 괄약근을 당겼다 풀었다 하며 항문 잠금을 할 때 이것은 근육을 움직인다는 개념이 아닙니다. 대부분의 사람들은 근육을 조였다 풀었다 하는데 이렇게 해서는 아주 작은 성취만 이루었다고 할 것입니다. 아슈위니 무드라를 수행할 때 풀었다 조였다를 반복하면서 에너지 흐름이 일곱 번째 중심까지 올라가는 것이 느껴져야 합니다.

앉아서 머리, 목, 몸통을 일직선이 되게 합니다. 눈을 감고 마음을 편안히 합니다. 이마를 이완합니다. 얼굴 근육을 이완합니다. 턱을 편안히 이완합니다.

턱을 조금 더 편안히 합니다. 어깨에 힘을 빼고 손끝에 긴장이 풀린 것을 느낄 때까지 어깨를 이완합니다. 가슴과 흉곽을 이완합니다. 심장 중심을 이완합니다.

배, 배꼽, 복부를 이완합니다. 골반과 다리 근육을 모두 이완합니다.

다리를 완전히 이완합니다. 골반을 이완하고, 척추 기저 부위를 이완합니다. 척추를 이루는 뼈 전체에 주의를 기울입니다. 척추에 집중하면서 척추뼈를 하나씩 차례로 이완합니다(이때 여러분의 자세가 올바르지 않으면 할 수 없을 것입니다).

어깨뼈를 이완합니다. 어깨를 이완합니다. 턱을 이완합니다. 얼굴과 이마를 이완합니다. 숨을 내쉬고 들이마시면서, 미간 중심에서 호흡이 시작되는 것처럼 콧속의 호흡을 느껴 봅니다.

이제 숨을 들이쉬면서, 척주(脊柱, 척추 기둥)를 따라 아래로 숨이 내려가서 척주 기저에 다다른다고 느껴 봅니다. 숨을 내쉬면서, 숨이 척주를 타고 올라온다고 느껴 봅니다. 쉼 없이 숨을 들이쉬면서 들어오는 숨이 척추 기저 끝까지 내려간다고 느껴 봅니다. 숨을 내쉴 때 아래에서 위로 올라와 밖으로 배출되는 숨은 에너지가 위쪽을 향해 흘러오는 것과 같습니다.

숨을 들이쉬어 척주를 타고 숨이 내려갈 때 자신의 만트라를 반복합니다. 숨을 내쉬어 척주를 타고 숨이 올라올 때 자신의 만트라를 생각합니다.

심장 중심을 계속 이완합니다. 어깨를 계속 이완합니다. 턱과 이마를 계속 이완합니다. 척추를 곧게 유지합니다. 숨을 들이쉬며 만트라를 생각합니다. 숨을 내쉬며 척추 안에 있는 만트라를 생각합니다.

이제 숨을 내쉬면서, 마치 모든 에너지를 낮은 중심에서 위쪽을 흐르는 척추의 흐름 속으로 밀어 넣는 것처럼 직장과 항문 괄약근을 위로 끌어당깁니다. 숨을 들이쉴 때, 숨은 만트라와 함께 아래로 흘러내려가고, 숨을 내쉬면서 척주를 타고 숨이 위쪽으로 흐를 때, 마치 위로 올라가는 동안 밀어 올리는 힘이 느껴지듯이 뿌리 잠금으로 에너지를 밀어 올립니다. 이 흐름만을 의식합니다.

이때 이 에너지를 발산하려는 경향이 있고 입안이 긴장되기 쉽습니다. 그러므로 혀를 말아서 입천장 뒤쪽으로 밀어 넣고, 양볼과 턱 측면을 입 안쪽으로 모으듯이 빨아들입니다. 어깨를 이완합니다. 심장 중심을 이완합니다. 들숨이 척추 아래로 내려가는 것을 계속 느낍니다. 혀 잠금과 뿌리 잠금으로 척추를 통해 숨을 내쉽니다. 숨을 내쉴 때 뿌리 잠금이 에너지를 척추 속으로 밀어 올린다고 느껴 봅니다.

얼굴을 완전히 이완해서 긴장이 전혀 없도록 합니다. 호흡을 하면서 만트라를 계속합니다. 이상과 같은 흐름을 계속 느끼면서 천천히 눈을 뜹니다.

여러분은 하타 요가(근육으로 하는 것), 만트라 요가(마음으로 만트라를 주시하기), 쿤달리니 요가(쿤달리니 흐름에 집중하기)의 조합을 만들었습니다.

하타 요가에서 힘과 의지력으로 하는 것이 나중에 쿤달리니가 깨어나면 자연스럽고 무의식적으로 하게 됩니다. 요가에서 하는 신체 내부 정화를 살펴봅시다. 신체 내부 정화는 건강한 몸을 유지하기 위해 하는 훌륭한 수련입니다. 내부 정화는 신체에 쌓여 있는 모든 독소를 제거하고, 림프관과 소화기관 등을 깨끗이 청소하는 것이 목적입니다.

쿤달리니 요가를 수련하는 요기가 이렇게 신체 내부 정화를 할 때에는 다른 목적도 있습니다. 명상을 하기 위해 앉았을 때 소화기관에 음식물이 조금이라도 남아 있으면 요기는 그것을 인지하고 깨끗이 비워 내야 합니다. 하타 요가에서는 물을 섭취해서 이것을 배출하는데, 쿤달리니 요가에서는 이런 작용이 자연적으로 일어나기 시작합니다. 이는 여성이 생리를 하기 직전에 자신도 모르게 하는 정화작용과 같은 것입니다.

요기는 한 달에 한 번 이상 설사를 하듯 배변을 하는데, 이것은 쿤달리니 에너지가 미주신경에 작용해서 몸속의 모든 찌꺼기를 강제로 배출하기 때문입니다. 미주신경을 자극하면 사고(思考)와 두뇌 에너지뿐만 아니라 자율신경계 전반에 영향을 줍니다. 미주신경에 전기 자극을 주면 이와 유사한 일이 일어난다는 과학적 증거가 있습니다. 수슘나라는 척추의 중심 에너지 통로를 통해 그렇게 미주신경을 자극하는 방법을 습득한 사람은 쿤달리니 요기들 외에는 없습니다.

쿤달리니의 흐름을 인지하게 되면, 보통사람은 알아차리지 못하는 신체 내부의 많은 것을 의식하게 됩니다. 자기 위의 상태, 폐의 상태, 간의 작용, 뇌의 기능 등을 정확히 알게 되며, 자신의 호흡이 어떻게 흐르는지 항상 인지합니다.

어떤 호흡법을 사용하면 누워서 책을 구술한다거나 세 시간의 수면을 한 시간으로 줄여서 잘 수 있습니다. 신체 호흡이, 쿤달리니 호흡과 연결된 프라나의 힘과 연결되면 요기는 굉장히 많은 에너지를 만들어 내서 요가 수면(yoga nidrā)이라는 특별한 기술을 사용해 짧은 휴식으로도 밤새 잠을 잔 듯 푹 쉴 수 있습니다.

하타 요가에는 주로 쿤달리니 각성을 위한 다른 수련들이 있습니다. 예를 들면 마하무드라(mahamudrā)는 간단한 수련으로, 한쪽 발꿈치로 회음부를 누르고 다른 쪽 다리를 뻗습니다. 회음부를 누르는 발의 발바닥은 허벅지와 나란히 하고, 뻗은 다리의 발가락을 잡고 몸을 앞으로 숙이거나 뒤로 젖히는 것입니다. 이것은 성모의 자리, 쿤달리니, 스와디슈타나(svādhiṣṭhāna)인 요니 칸다(yoni-kanda)로 알려진 곳을 누르는 것입니다.

뿌리 잠금을 완성하고 발가락을 잡아당겨 몸을 앞뒤로 움직이면 누르는 힘이 더해집니다. 호흡을 의식하면 낮은 중심에 에너지가 집결하는 것이 느껴집니다. 이런 기술적인 부분을 모르면 낮은 중심에 집결하는 에너지가 여러분을 잘못 이끌 수도 있습니다. 이 기술을 알고 스승의 지도로 시작한다면 이 에너지를 더 높은 의식의 중심으로 끌어올리는 방법을 배우게 됩니다.

명상을 하기에 가장 좋은 시간 중의 하나는 성적 욕구가 강하게 일어날 때입니다. 이때 내밀한 성적 에너지는 위로 올라가서 가장 깊은 명상이 가능해집니다.

많은 학생이 요가의 어떤 부분에 성적 행위가 있는지 혼란스러워합니다. 쿤달리니와 성적 에너지의 관계에 대한 주제는 매우 복잡합니다. 강요된 금욕은 효과가 없습니다. 금욕이란 무엇입니까? 금욕은 매우 강렬한 감각을 주체가 원하지 않는 것입니다. 금욕은 이 감각을 충족시키지 않는 절제가 아닙니다. 금욕은 탐닉으로 기울지 않는 의식입니다. 그러므로 금욕은 몸이 아니라 다음의 작용입니다. 이 주제는 쿤달리니 수련을 받은 전수자만을 위한 것입니다. 구도자에게 처음 하는 충고는 성적 행위에 지나치게 탐닉하지 말고 자연스럽고 일상적인 것으로 대해야 한다는 것입니다. 배우자나 연인이 있는 사람은 성관계를 일주일에 한 번 정도로 제한해야 합니다. 이보다 더 중요한 것은 성관계를 하는 시간에만 즐겨야 한다는 것입니다. 이것이 금욕입니다.

가톨릭 사제나 수도승이 되려는 사람이 아닌 평범한 서양 남자들에게는 음식을 먹는 때에만 그것을 즐기고 다른 때에는 먹을 것을 갈망하지 말라는 충고를 하고 싶습니다. 이것도 진정한 금욕입니다. 말하고 싶은데도 억지로 참는 것이 아니라 말하고 싶지 않은 것이 금욕입니다. 이런 사람이 말을 할 때는 정말 필요해서이고, 유익하고 즐거운 것이 됩니다. 이것이 금욕입니다. 금욕은 지나치게 많이 열망하지 않는 마음입니다.

사람들은 말합니다. "왜 그렇게 해야 합니까? 어째서 감각을 만족시키면 안 되는 건가요? 감각은 아름다운 것입니다." 감각은 정말 아름다운 것입니다. 그러나 여러분은 자신의 아름다운 다이아몬드를 매일 길에다 던져 버리지 않습니다. 당연히 보호하고 지킬 것입니다.

명상에서 진전을 열망하는 사람은 감각의 지나친 탐닉, 통제하지 않는 몸의 움직임 그리고 눈, 귀, 위장, 성, 심장, 감정, 말 등의 활동을 통제하지 않는 것, 이런 것이 밖으로 아래로 에너지를 흩어지게 해서 안으로 위로 흐르는 에너지를 빼앗고 있다는 사실을 잘 알아야 합니다. 위로 안으로 흐르는 에너지만이 금욕과 영성을 연결해 줍니다. 감각은 죄스러운 것이 아닙니다. 이 견해가 금욕에 대한 서양의 청교도적 신념과 요가 전통의 다른 점입니다. 요가에서는 감각을 최대한 강하게 하면서도 그것이 안으로 위로 흐르도록 방향을 바꾸는 것을 터득하게 합니다.

  수행하기 위해 필요한 것은 마음의 금욕입니다. 감정의 금욕은 욕망을 억제하는 것이 아니라 그것에 기울어지지 않게 하는 것입니다. 이것을 어떻게 할 수 있을까요? 낮은 단계의 욕망을 높은 단계, 숭고한 단계의 욕망으로 대체하는 것입니다. 성적 욕구를 억제하기만 한다면 건강을 해칩니다. 한두 가지 문제가 일어날 것입니다. 그러나 바로 이런 에너지가 명상을 꽃피울 수 있다는 것을 알고, 명상을 향한 갈망이 있다면, 시간이 지나면서 명상을 하려는 마음이 자연스럽게 깊어질 것입니다.

  차크라에는 어떤 장애물이 있을까요? 어느 단계에서 나타날까요? 일곱 개 의식의 꽃이 만개할 때까지 차크라는 모두 닫혀 있습니다. 가슴 중앙이 막혀 있어서 우리 감정에 뒤틀림이 있습니다. 모든 존재를 보편적으로 사랑할 수 없는 것은 가슴이 닫혀 있기 때문입니다. 배꼽 중심이 막혀 있어서 온갖 욕망이 들끓고 있습니다. 성적 중심이 막혀 있어서 성 에너지가 안으로 위로 흐르는 대신 밖으로 아래로 흐르는 것입니다. 목 중심이 막혀 있어서 내가 하는 말은, 2천 년 동안 울려 퍼진 산상수훈(the Sermon on the Mount)과 달리 이 행성 주위에 울려 퍼지지 않을 것입니다.

  장애물을 제거하는 과정은 단계적이고 오래 걸립니다. 때로는 매우 극적인 경험을 할 수도 있지만 대체로 점진적으로 느리게 진행됩니다. 처음엔 무언가 시작되지만, 동시에 사방으로 갈 수는 없습니다. 쿤달리니 요가를 따르겠다고 선언하는 사람들 중에는

"모든 이를 사랑하라." 그리고 "모든 사람과 성관계를 가져라."라고 말하는 이도 있습니다. 이 두 가지는 모순됩니다. 모든 이를 사랑한다는 것은 에너지가 위로 안으로 흘러 심장 중심이 열린다는 뜻입니다. 모든 사람과 성관계를 갖는 것은 낮은 중심, 의식의 성적 중심이 막혀서 쿤달리니 에너지가 아래로 밖으로 흘러 흩어진다는 뜻입니다.

쿤달리니 에너지가 위로 안으로 흐를 때, 심장 중심은 그 에너지를 받아 활짝 열려서 모든 사람을 사랑하게 되는 것입니다.

하타 요가의 이렇게 더 높은 목적을 이해하지 못하면, 하타 요가는 좋은 신체 운동일 뿐입니다. 궁극적으로 하타 요가는 잠금을 완성해서 쿤달리니를 담는 몸을 준비하는 것입니다. 에너지의 힘이 작용하면 이 힘은 여러분의 몸을 움직이려고 합니다. 어떤 사람은 앞뒤로, 좌우로 몸을 움직이고, 땀을 흘리거나 자기도 모르게 몸을 흔드는 사람도 있습니다. 하지만 쿤달리니 요가는 상상을 넘어 고도로 통제된 경험으로, 몸을 완전히 고요하게 만듭니다. 더 높은 단계로 올라갈수록 몸과 감정과 뇌파가 점점 더 고요해집니다. 에너지 장의 강도는 그 강도를 유지하는 법, 움직임, 흔들림 없이 그 힘을 유지하는 법을 알아야 되는 것입니다.

잠금과 자세는 여러분이 에너지 존재가 되기 시작할 때, 미세한 몸을 가진 존재가 아니라 우리가 바로 미세한 존재임을 깨닫기 시작할 때, 즉 물질 형태인 육신에 스며들어 고루 퍼져 있는 그런 존재임을 자각하기 시작할 때 일어날 현상에 대비해 몸을 준비시킵니다.

여러분은 에너지 존재가 플라스틱으로 만든 어떤 이미지 조각(彫刻)을 취해 생생하게 만들었다는 것과 이 플라스틱 조각을 만질 때 여러분이 살아 있는 존재를 만지는 것이 아니라는 것을 압니다. 살아 있는 존재는 순수한 에너지입니다. 쿤달리니 요가는 이 에너지 존재가 그 사람 자신과 하는 것이지, 그 사람의 몸과 하는 것이 아닙니다. 하타 요가는 이 에너지 존재를 깨닫기 위해 몸이 하는 것입니다.

이러한 준비는 신체에서, 호흡에서 서서히 시작되고, 척추나 콧대 중심(the nose bridge center)에서 아주 미세한 흐름과 함께 시작됩니다. 이때 우리는 약간의 감각을 경험하기 시작합니다. 요기가 자신의 쿤달리니의 힘으로 성취할 수 있는 것은 상상을 초월한 것입니다. 요기는 이때 에너지 존재입니다. 에너지는 무게가 없으며, 공간을 차지하지도 않고 보이지도 않습니다. 에너지에서 일어나는 일은 만질 수도 없습니다. 만약 절연체로 싸여 있지 않은 전기 흐름을 본다면 그것이 흐르고 있다 또는 눈으로 보인다고 말할 수 있을까요? 그럴 수 없습니다. 하지만 전기 흐름은 강렬하고 힘있게 움직이고 있습니다. 이것이 쿤달리니 요가입니다. 하타 요가에서는 몸이 움직이지만, 쿤달리니 요가는 격렬하게 활동하지만 몸은 움직이지 않습니다. 무엇이 활동하는 걸까요? 그것은 몸이 아니라 한평생 살아가는 조각상인 우리 몸을 점유한 에너지 존재입니다.

만약 어떤 사람이 몸을 훈련하지 않고 명상 수련을 시작한다면 이 사람의 명상 수행은 더딜 것입니다. 이 사람은 다리를 포개고 앉는 것, 손을 포개어 무릎에 놓는 연꽃자세나 손가락을 붙이는 자세, 에너지의 순환을 닫는 것, 뿌리 잠금, 항문 잠금으로 위로 당기는 것, 혀를 말아 당기는 것, 모든 에너지를 모아서 잘 정돈된 다발로 만드는 것을 배워야 합니다. 이렇게 해서 내적으로 활동하는 힘이 됩니다. 이때 에너지는 외부로 나가지 않고 프라나가 활동합니다. 숨을 내쉬고 들이쉬고, 내쉬고 들이쉬면 내부에서 힘이 에너지를 만들어 냅니다. 이 힘은 눈을 통해서 혹은 혀를 통해서 아니면 성기나 그 밖의 기관을 통해서도 에너지를 잃지 않고 지속적으로 활성화하면서 강렬해집니다. 인식은 강한 집중력으로 단 하나의 점으로 모아져서 여러 대상을 인식하느라 소실된 에너지를 끌어 당겨 다시 광선을 만듭니다.

하타 요가를 수행할 때는 이들 에너지를 의식하고 해야 합니다. 단순히 근육만 움직여서는 안 됩니다. 어쨌든 근육은 움직이지만, 이때 목적은 에너지 장을 자리 잡게 하는 것입니다.

우리는 파탄잘리에 따른 자세의 철학에 대해 언급해 왔는데, 그것은 축(axis), 세상의 축(axis mundi)을 찾는 것입니다. 이것은 메루단다(meru-daṇḍa)로 알려진 영역, 즉 척추 기저에서 머리꼭대기까지입니다. 동구와 서구를 나누는 우주의 중심 산 메루가 여러분의 축입니다. 여러분이 앉는 자세를 수련하는 아사나는, 손과 다리와 발로 특정한 자세를 유지하는 수련이 아니라 이 축 안에 여러분 자신을 맞추는 수련이 되어야 합니다.

사람들은 명상을 하기 위해 앉아서 다리 자세를 훈련하는 데 많은 시간을 보냅니다. 이때 오른쪽이나 왼쪽으로 쓰러질 것 같은 약간 불안정한 느낌이 있습니다. 똑바로 하려고 해도 양다리가 균형을 잡지 못하기 때문에 그렇게 할 수가 없습니다. 양다리가 제대로 균형이 잡힐 때 축이 똑바로 된 것입니다. 다리는 무엇입니까? 몇 개의 다리로 세워져 있는 기둥을 생각해 봅시다. 다리들은 기둥이 바로 서 있도록 지탱하고 있습니다. 이들 다리가 제대로 균형 잡힌 방식으로 땅에 고정되어 있다면 기둥은 바로 서 있을 것입니다. 그러나 다리 중 하나를 잡아당기면 기둥은 쓰러지고 맙니다. 어떤 사람이 이렇게 말하는 것을 들었습니다. "나는 의자에 앉아서 수련을 하야겠어요." 잠시 후 그 사람은 "안 되겠어요. 불편해요. 다리를 구부리고 싶어서 명상을 할 수가 없어요."라고 했습니다. 그리고 하타 요가 수업에 들어가서 다리를 훈련하기 시작합니다. 신체 요가 수련을 할 때 척추를 의식하면서 축을 기준으로 운동을 한다면 호흡과 나머지 활동기관을 완전히 통제하게 됩니다.

하타 요가 수련자는 쿤달리니라는 깨어난 신성한 빛을 담기에 알맞은 그릇을 만들기 위해 비유가 아닌 실제로 자신의 몸을 신전으로 만든다는 열망으로 수행을 시작해야 합니다. 그렇지 않으면 영적 에너지가 증강될 때 훈련이 되어 있지 않기 때문에 몸이 그것을 담을 수 없을 것입니다.

하타 요가는 내면에 있는 신의 영혼을 위한 알맞은 그릇으로 봉사하기 위해 몸을 훈련합니다. 감겨 있던 신성한 에너지가 풀릴 때 몸은 장애물이 되지 않고 에너지를 받아들일 준비를 갖춘 통로가 되고, 내면에서 인식하고 풀려난 영적 에너지가 유익하게 사용될 것입니다.

6

하타 요가 : 미세한 몸으로 가는 관문

Hatha Yoga : Gateway to the Subtle Body

저자가 정리한 산스크리트 경문(수트라)

ओ३म्।।
शक्ति-नाडी-प्रपञ्च इत्येतावान् पुरुषः।।१।।
सर्व स्थूल-शारीरं व्यष्टि-समष्टि-पुरुषे शक्ति-सूक्ष्म-प्रवाहेभ्य
    आविर्भूय तदाकृतिमेव लभते।।२।।
स्थूल-देह-प्रवृत्तयः सूक्ष्म-प्रवाह-प्रवृत्ति- व्यञ्जिकाः।।३।।
किञ्चिद्-व्यञ्जिका एव।।४।।
हठाच्छक्तिचालनं मृदूनां विशेषम्।।५।।
अन्तः प्रवृत्तेः स्थूल-प्रवृत्तिर्मध्याधिमात्राणाम्।।६।।
शारीरसहायो मृदूनां सूक्ष्मो मुख्यो ऽधिमात्राणाम्।।७।।
सहायाभावो मुख्यं विलम्बयेत्।।८।।
तत्र मुख्यं सहायं नियोजयेत्।।९।।
पूर्वं सङ्ज्ञानुयोग आशुकारी सर्वेषाम्।।१०।।
ततः सूक्ष्मे प्रवेशः।।११।।
इति श्री सिद्धयोगिराज रामस्वामिपादशिष्येणबुर्धाचार्य प्रणीतं
    हठकुण्डलिनीसूत्रम्।।

저자가 번역한 경문

1 인간은 일정한 통로를 따라 흐르는 에너지 장이다.
2 (대우주와 인간에게 있는) 거칠고 물질적인 것은 전부 더 미세한 본질과 흐름의 형태에 의해 만들어지고 투사된다.
3 물질로 된 몸에서 일어나는 모든 것은 미세한 몸과 에너지 통로에서 일어나는 변화의 표시다.
4 미세한 몸과 에너지 통로에서 일어나는 것의 일부만이 신체에서 나타난다.
5 신체에 확립된 통제는 미세한 몸과 에너지 통로의 상태를 자극하는 작용을 한다. 특히 느린 사람들은(mṛdu) 통제를 확립할 필요가 있다.
6 미세한 몸과 에너지 통로에서 일어나는 변화는 신체 변화를 유도한다.
7 미세한 몸의 변화가 근원적인 것이며, 신체 변화는 보조적 준비다.
8 보조적 준비가 없으면 근본적인 것의 진행은 늦어진다.
9 근본적인 것은 보조적인 것에 힘을 가한다.
10 보조적인 것을 먼저 준비하면 지연되는 것을 막는다.
11 이렇게 준비되면 미세한 몸으로 들어갈 수 있게 된다.

경문 입문

요가 선생들이 요기들 사이의 비법인 라하스야(rahasya) 기술에 대해 말하는 것을 종종 듣습니다. 라하스야는 가능한 한 비밀스레 지켜져야 하고(gopanīyaṁ payatnata) 자격을 갖춘 입문자 아디카린(adhikārin)만이 받아야 하는 것으로 요구됩니다.

아직 그 길의 밖에 있는 많은 사람들은 강하게 항의하면서 진리를 비밀로 지키는 것은 불공평하고 잘못될 것이라고 말합니다. 비록 내적 경험을 하기에는 통찰과 능력이 부족한 사람들에게 기술이나 진리를 돌로 전달한다 하더라도 그들이 수련과 경험으로 검증될 때까지 숨겨진 비밀로 지켜야 하며, 먼저 해야 할 것을 숙달하기 전에 기술을 수련하는 것은 해로울 수 있다는 것을 그들은 이해하지 못합니다.

하타 요가와, 관련된 신체 통제의 더욱 탁월한 측면들이 바로 그런 비밀, 라하스야입니다. 하타 요가를 단순히 신체 단련법으로 생각하는 것은 잘못입니다. 몸으로 하는 아사나는 더 높은 차원을 경험하기 위한 수행자(sādhaka)를 준비시키는 시작입니다. 이것이 바로 하타 요가가 도구, 즉 거친 몸을 정화하고 다듬고 준비시켜서 마침내 미세한 몸으로 가는 관문을 이렇게 준비된 도구로 열 수 있게 하는 것입니다.

경문 해설

하타 요가의 숭고한 목적을 완전히 이해하자면 우선 경문 1에서 말하듯이 쿤달리니 요가의 기본 전제를 파악할 필요가 있습니다. 인간은 일정한 통로를 따라 흐르는 에너지 장입니다. 이 경문은 기초물리학의 관점에서 비유로 설명해야 합니다.

자석을 전도성 있는 종이로 덮고 종이 위로 쇳가루를 흩뿌리면 어떤 일이 일어날까요? 쇳가루는 자기력선을 따라 배열합니다. 아주 순진한 사람만이 자기 흐름이 쇳가루가 배열된 선에 따라 흐른다고 말할 것입니다. 더 정확히 말하자면 쇳가루가 자기력의 형태에 따라 스스로 배열했다고 할 것입니다. 전 우주와 인간도 마찬가지입니다.

이러한 진술은 전체 우주와 인간에 대한 진리입니다. 유형이지만 거친 물질의 쓰레기, 찌꺼기는 자체의 방향성이 없습니다. 방향성은 거친 물질에 형태를 부여하는 눈에 보이지 않는 흐름과 저류(低流)에서 나오는 것입니다. 그러므로 인간은 본질적으로 물질로 이루어진 형상이 아니며 쿤달리니 요가에서도 그렇습니다. 인간은 에너지 통로 형태인 샥티 나디(śakti-nāḍi)로, 쇳가루가 자기력선에 따라 저절로 배열되는 것처럼, 지푸라기가 물의 흐름, 소용돌이에 따라 떠다니는 것처럼 샥티 나디에 따라 거친 몸이 정렬하는 것입니다.

(대우주와 인간에게 있는) 거칠고 물질적인 것은 전부 더 미세한 본질과 흐름의 형태에 의해 만들어지고 투사됩니다. 물질로 된 몸에서 일어나는 모든 것은 미세한 몸과 에너지 통로에서 일어나는 변화의 표시입니다. 미세한 몸과 에너지 통로에서 일어나는 것의 일부만이 신체에서 나타납니다.

경문 2~4의 예를 살펴봅시다. 사람은 배꼽이라고 하는 쓸모없어 보이는 기관을 가지고 있습니다. 배꼽은 탯줄이 아기에게 쓰이고 나면 아무 소용이 없어 보입니다. 배꼽은 재미있는 모양의 기관이지만 우리가 사용하는 배꼽 주시라는 용어와 관련해서는 의미를 갖습니다. 배꼽(navel)이라는 낱말은 중심, 중앙, 바퀴 중심, 차크라라는 의미를 지니고 있습니다. 왜일까요? 그것은 눈에 보이는 태양신경총(solar plexus)의 표지입니다.

어근 'naḥ'에서 파생된 산스크리트 용어 나비(nābhi)는 '묶어 놓은, 연결된 자리'를 의미합니다. 그것은 탯줄이 연결된 자리일 뿐만 아니라 모든 에너지 선이 연결되어 있는 중심이기 때문입니다. 이 중심에서 7만 2천 개(Śiva Saṁhitā 제2장 13절에서는 35단 개라고 합니다)의 샥티 나디, 즉 에너지 흐름이 나와서 인간이라는 회로를 타고 흐릅니다.

새로운 인격인 태아가 여기서 엄마와 연결되어 있는 것은 놀라운 일이 아닙니다. 언젠가는 서양 과학이, 물질적 영양분이 이 길을 통해 엄마에게서 태아로 전달된다는 사실보다 더 많은 것을 발견하기를 바랍니다.

다시 말해서 (a) 탯줄은 7만 2천 개의 보이지 않는 에너지 통로의 중심인 배꼽이 신체에 드러난 것일 뿐입니다.(경문 3) (b) 이 중심에서 일어나는 중요한 기능 중 몇 가지만 탯줄의 기능과 존재를 통해 나타나는 것입니다.(경문 4)

몸과 거친 마음의 생리적이고 심리적인 수많은 현상을 설명하기 위해 이와 유사한 예를 들 수 있습니다. 가령 구순기-성기기

(oral-genital)의 복합에 대한 프로이트(Sigmund Freud)의 해석은 항문과 생식기 사이 그리고 구강영역에 위치해 흐르는 에너지 통로인 샤크니(śankhinī), 바즈리니(vajrinī), 쿠후 나디(kuhū nāḍis)의 깊은 관계와 통제를 인식하지 않고는 이해할 수 없습니다.

많은 요가 교사들이 차크라와 샥티 나디(특히 이다, 핑갈라, 수슘나 같은 주요 나디)의 위치와 기능을 설명할 때 심각한 잘못을 저지릅니다. 차크라와 샥티 나디와 신경총과 신경의 일치는 경문 3과 4에서 설명하고 있습니다. 차크라와 샥티 나디는 그 이상으로 중요합니다.

리얼(Rele)의「신비로운 쿤달리니Mysterious Kundalini」같은 작품은 신경과 신경총이 나디와 차크라와 일치하고 상호관계가 있다고 지적해서 요가 지지자들에게 많은 공헌을 해 왔습니다. 그러나 샥티 나디와 차크라가 각각 '신경'과 '신경총'의 동의어라고 오해하게 할 수도 있습니다. '신경'(nerve)과 '신경총'(plexus)은 생리학과 심리학 전반에 제한적으로 쓰는 용어입니다. 나디와 차크라의 의미는 그보다 더 방대합니다. 그것은 (a) 미세한 몸의 회로에 있는 흐름과 형태와 축의 중심, (b) 원인체(the causal body)로부터 나오는 힘의 흐름을 위한 연결과 통로, (c) 무엇보다, 인성의 진동을 지시하는 소우주 회로를 따라 흐르는 생기(prāṇa), 의식의 힘(chit), 생명력(jīva)이라고 하는 에너지 흐름과 우주적 힘의 집결을 의미합니다. [고대 요가 과학을 서구화된 사람에게 설명하려는 노력을 할 때, 요가 용어와 그 용어의 심오한 개념을 단념하지 맙시다. 우리의 개념에 정확하지 않은 한계를 두려고 시도해서는 안 됩니다. 나디와 차크라는 신경과 신경총 이상의 의미를 갖습니다. 나디와 차크라를 정확히 표현할 서구 용어가 없기 때문입니다. 우리가 '요가'라는 낱말을 번역하지 않고 그대로 사용하듯이 나디와 차크라를 서구 용어로 번역하려고 애쓰지 말도록 합시다.]

신체에 확립된 통제는 미세한 몸과 에너지 통로의 상태를 자극하는 기폭제로 작용합니다. 특히 느린 사람들은 통제를 확립할 필요가 있습니다. 파탄잘리의 체계에서는(요가수트라 제1장 21-22절) 수행자(sādhaka)가 완성에 이르는 속도는 다양하다고 말합니다. 므르두(mṛdu)는 느린 사람을 말하며, 마드야(madhya)는 평균적인 중간 단계의 사람을, 아디마트라(adhimātra)는 빠르고 열성적인 사람을 말합니다. 빠르기의 정도는 이들의 삼스카라(saṁskāras)의 힘에 달려 있습니다. 얼마나 빠른지는 외면화한 의식의 정도, 내면화하는 속도에 좌우됩니다.

진흙탕에 넘어진 사람이 대리석 바닥을 짚고 일어나기를 바랄 수 없습니다. 마찬가지로 느린 사람, 즉 므르두 사다카는 우선 신체 수련을 배우지 않고서는 거친 것에서 곧바로 미세한 것으로 갈 수 없습니다.

거친 몸에서 미세한 몸으로 가는 길은 복잡합니다. 드물게 운 좋은 소수만이 수련(sādhana)을 시작했을 때 그 길을 바로 찾을 수 있습니다. 하타 요가 수련은 느린 사람에게 반드시 필요합니다. 서서히 더 미세한 힘을 식별하는 법을 배우고, 통제가 확립되었을 때 장벽은 아주 천천히 무너지기 시작합니다.

이 단계에서, 수행자가 쿤달리니의 길에 대한 안내를 받는다면 많은 하타 요가 수행법이 에너지 통로에서 첫 움직임을 자극하기 위해 고안되었다는 사실을 이해하게 됩니다. 그가 하타 요가를 하기 전에는 '하타'라는 낱말이 용어사전에 나와 있듯이 그냥 '몸에 힘을 주는 것'을 의미했지만, 이제 그는 하타의 의미가 태양의 길(bīja 즉 씨앗소리 ha)과 달의 길(씨앗소리 tha)에 의해서 쿤달리니로 가는 과정임을 알게 된 것입니다. 그래서 그에게 나울리(nauli)는 단순히 몸을 다듬고 유지하기 위한 운동이 아니라 태양신경총(solar plexus)을 깨우는 과정이 됩니다.

이런 연결 과정에서 특별히 중요한 것은 무드라와 반다입니다. 아슈위니와 마하무드라와 같은 무드라는 신체 수행에서 나타나지만, 에너지 통로의 상태를 깨우는 것입니다. 반다에는 두 가지가 있습니다.

a   뚜렷한 신체 기능을 하는 것으로는 예를 들면 턱 잠금인 잘란다라 반다(jālandhara bandha)가 있습니다. 경험이 없는 수행자에게 이 턱 잠금은 쿰바카(kumbhaka)를 하는 동안 호흡을 참게 하는 것이 목적입니다. 그러나 쿤달리니 요가에서 잠금은 위로 향하는 에너지의 흐름을 통제하는 것입니다.

b   처음에는 뚜렷한 신체적 목적이 없는 것들입니다. 예를 들면 물라 반다(mūla-bandha), 즉 뿌리 잠금과 손가락 잠금의

> 목적은 에너지 통로가 아주 활발해질 때까지는 분명하지 않습니다

이러한 하타 요가 수행은 경문 6 이하에서 설명한 상태를 위한 준비 수련입니다. 즉 미세한 몸과 에너지 통로에서 일어나는 변화는 신체 변화를 유도합니다.

훌륭한 스승의 은총으로 쿤달리니가 상승하기 시작할 때, 수행자는 느린 사람의 단계를 벗어나 다소 빠르게 나아갑니다. 그가 가정이 있는 사람이라면 마드야로, 금욕하는 수도자(sanyāsin)라면 아디마트라로 나아갑니다. 쿤달리니의 한점을 향한 그리고 위로 향한 흐름(ekāgratā and ūrdhva-gati) 모두 생리적 변화를 일으킵니다. 앞에서 예를 들었듯이 쇳가루가 자기력에 따라 배열 방향이 바뀌는 것과 같습니다. 생리적 변화는 아래와 같은 것들입니다.

a 체열, 즉 타파스(tapas)가 증가합니다.
b 프라나가 힘을 묵타-트리웨니(mukta-triveṇī)에서 육타-트리웨니(yukta-triveṇī)로, 즉 뿌리 중심에서 송과체 중심으로 당겨 올릴 때 뿌리 잠금은 자연스러워지고(sahaja) 거의 영구적(sthira)이 됩니다.
c 혀는 입천장 쪽으로 자연스레 말려 올라가서 케차리 무드라(khecarī-mudrā)가 만들어집니다.
d 손가락들이 엄지와 검지가 닿는 갸나 무드라(jñāna-mudrā)

를 만들 뿐만 아니라 에너지 흐름의 회로가 완벽하게 닫혀서 엄지와 검지가 끌어당기는 것이 느껴집니다.

e 눈이 시선을 내면으로 향하는 것을 경험하며, 흔히 발가락이 위로 말립니다. 이것은 간다리(gāndhārī)와 하스티지흐바(hastijihvā) 통로에서 일어납니다.

f 호흡이 좀 더 편안해지고 더 깊어집니다.

g 명상 중에 팔다리가 전체적으로 이완되어 팔과 손이 무겁다고 호소할 수도 있습니다.

h 척추는 프라나의 힘 때문에 저절로 꼿꼿해집니다.

i 복부와 배꼽 주변은 자연스러운 우디야나(uḍḍīyāna) 반다를 향해 안쪽으로 당겨질 수 있습니다.

j 처음에 식습관이 조절되지 않아 설사로 고통을 겪는 수행자라면 이때쯤 배설 작용이 조금씩 편안해집니다.

이상이 전부는 아닙니다.

명상 수련에서 나타나는 이러한 생리적 신호와 증상은 구루께서 제자들에게 "이것은 저절로 일어날 것이다."라고 자주 말씀하신 것입니다. 이제 사다카는 "미세한 몸의 변화가 근원적인 것이며, 신체 변화는 보조적 준비다."라는 다음 경문의 진리를 이해합니다. 다시 말해 요가에서 신체적 준비는 근원적인 단계, 즉 미세한 힘의 깨어남에 이르기 위한 보조적인 것입니다.

므르두의 길은 보조적인 것에서 근원을 향해 더욱 힘써야 하는 길입니다. 마드야와 아디마트라의 경우에는 먼저 신체 수련에 힘쓰지 않고서도 내면의 어떤 수준에 다다르는 것이 가능합니다. 전생에서 어떤 니면화(antā-pravṛtti)를 이루어서 신체의 구속에 크게 방해받지 않는 아디마트라의 경우 특히 그렇습니다. 이들의 몸은 내적 충동과 협력합니다. 그렇다고 므르두 외의 사다카에게 신체적 준비가 필요하지 않은 것은 아닙니다. 보조적 준비가 없으면 근원적인 것에서 진전이 지체됩니다. 근본적인 것은 그래서 보조적인 것을 하게 만듭니다. 보조적인 것을 먼저 준비해야 지체되는 것을 막을 수 있습니다.

 영혼이 없는 몸은 감각이 없고(jaḍa) 굳어 있습니다. 몸에 있는 유연성은 전부 의식(chit)의 힘에 기인합니다. 굳은 몸은 미세한 힘이 각성될 때 한동안 큰 장애가 될 수 있습니다. 신체의 게으름인 타마스(tamas)는 적절한 하타 요가 수련을 통해 삼스카라 정화를 꾸준히 해서 줄일 수 있습니다. 이 과정에서 내면의 힘이 새롭게 인식되거나 강화된 에너지 흐름에 따라 스스로 재배열하라는 신호를 몸에 미리 보낼 것입니다. 몸이 너무 굳어 있어서 즉시 협력할 준비가 되어 있지 않으면, 몸이 제대로 훈련이 되기까지 진전이 없을 것입니다. 여기 몇 가지 예가 있습니다.

a 혀가 케차리 무드라를 시작할 때 혀를 충분히 늘리지 않는다면, 아므르타(amṛta, 깊은 명상에 있을 때 생명력ojas에서 흘러나오는 에너지)의 소모를 계속 막지 못할 것입니다.

b 뼈와 근육은 저항하고 명상을 방해할 것입니다. 프라나가 척추를 곧게 세울 때, 등 근육도 저항할 것입니다.

c 우디야나가 숙달되지 않았거나 위와 장이 깨끗이 비워지지 않았다면, 더 높은 차크라로 올라가는 프라나는 배꼽 중심을 따라 잡아당기려고 할 때 문제가 생길 것입니다. 마음이 더 높은 중심에 집중하게 될 때 프라나는 아파나(apāna, 낮은 곳에 있는 에너지)를 위로 당기려 하는데, 우디야나(배꼽 잠금)를 충분히 습득하지 않았다면 사하자 쿰바카(자연스러운 호흡 유지)를 하면서도 방해를 받을 것입니다. 이로 인해 사다카는 몇 개월 후토할 것입니다. 마음의 사트와적(sattvic) 고요함과 복부와 위 근육의 타마스적(tamasic) 경직 사이에서 어려움을 겪게 되는 것입니다.

d 존경하올 나의 구루데브(guꞇudev)께서 어느 날 이 사다카(저자)에게 명상을 하는 동안 치아를 악무는 단타 무드라(danta-mudrā)를 수련하라고 조언하셨습니다. 끝없이 베푸시는 구루의 은총을 받으며 소소하게 버릇없는 짓을 자주 저지르는 모든 사다카처럼 이 사다카는 속으로 이렇게 생각했습니다. '아니, 이빨을 악무는 것이 명상과 무슨 상관이 있단 말인가?' 하며 단타 무드라를 수련하지 않았습니다. 결국 곧은 척추를 통해 올라가는 프라나가 어느 부분에서 흔들리는 것을 알게 되었고, 그곳이 턱 관절이었습니다. 명상을 하는데 턱이 좌로 우로 움직이는 것이었습니

다. 이것은 단타 무드라를 완성한 후에야 멈추었습니다. 구루께 순종해야 한다는 교훈을 배우게 된 일이었습니다. 비밀스러운 가르침이었던 것이 실제로 드러난 것입니다. 내면의 근원적 경험이 보조적 신체 수련을 하지 만듭니다. 그러는 동안 프라나의 진행이 억제되어 앞선 신체 무드라 수련을 저지할 것입니다.

신체로 하는 요가 수련은, 영적 진전을 (a) 갈망하고 (b) 영적 진전으로 유도하거나 그렇게 될 것이라는 변화를 기대하며, 몸을 준비한다는 자세로 시작해야 합니다. 그러므로 신체 수련을 소홀히 해서는 안 됩니다. 이후에 문제가 일어나서 내면의 힘이 작용하는 부분에서 발전이 늦어질 것입니다.

하타 요가 수련은 보편적인 영적 목표와 분리해서 지나치게 과장해서는 안 됩니다. 더 깊은 진리를 추구하지 않고 단지 건강과 아름다움과 장수를 위해 하타 수련을 한다는 것은 요가를 여타의 자연과학 수준으로 끌어내리는 것입니다. 이는 거친 것(신체)은 언제나 숭고한 것의 도구라는 원리를 간과하는 것입니다. 구도자가 발전함에 따라 하타 요가 수련은 처음에는 도움을 줄 것이며, 이후로는 쿤달리니 요가로 가는 길을 열어 줍니다. 그리고 마침내 미세한 몸으로 들어가는 입구에 다다르게 됩니다.

거친 몸에서 미세한 몸으로 가는 길은 미로보다 더 복잡합니다. 미세한 몸에 마음대로 들어갈 수 있는 수련을 습득하지 않고는 미세한 몸으로 들어가는 열쇠를 얻었다고 말해서는 안 됩니다. 하타 요가는 이 지점까지 여러분을 안내한 다음 작별을 고합니다.

히말라야협회 Himalayan Institute

요가와 명상, 영성, 전인적인 건강 분야의 선두인 히말라야협회는, 교육적이고 영적이며 인도주의적인 프로그램을 통해 인류에 대한 봉사에 헌신하는 비영리 국제단체입니다. 히말라야협회의 다양한 활동 및 프로그램은 동양과 서양, 영성과 과학, 고대의 지혜와 현대의 기술을 결합하는 인류의 영적 유산의 전형적인 본보기입니다.

히달라야협회는 요가 수행자, 자원 봉사자 및 상주 교사의 봉사 중심 공동체의 본부로서 전통을 계속 이어가고 있습니다. 우리 공동체는 보편적인 관심과 공동 책임의 원칙을 소중히 여기는 히말라야 전통에 헌신하는 수행자들이 함께합니다.

히말라야협회 출판사 The Himalayan Institute Press

우리 히말라야협회 출판사는 오랫동안 '전인(全人)적 삶을 위한 원천'으로 여겨져 왔습니다. 우리는 오디오와 비디오 테이프는 물론 수많은 책을 출판했으며, 이런 출판물을 통해 조화로운 삶과 내면의 균형을 위한 실제적 방법을 알리고 있습니다. 우리는 고대 치유법과 자기계발 기술에 최신과학지식을 통합한, 신체, 마음, 정신의 전인적(全人的) 인간을 지향하는 내용을 다룹니다.

이로써 우리는 명상과 요가 수련을 통한 신체적, 심리적 건강과 웰빙, 영적 성장과, 신성한 경전과 고대 철학의 가르침을 읽음으로써 영감을 받은 상태에 머무는 방법 등에 관한 다수의 책을 펴내고 있습니다.

www.HimalayanInstitute.org

국제히말라야요가명상협회(아힘신)

스와미 라마에 의해 전수된 히말라야 전통의 요가와 명상을 수행하는 센터와 그룹들이 세계적으로 활발한 활동을 펼치고 있다. 스와미 라마의 제자 스와미 웨다 바라티의 주도로 '아힘신'(AHYMSIN, Association of Himalayan Yoga Meditation Societies International)이라는 국제기구가 조직되었고, 한국에는 원주에 한국 지부가 설립되었다.

히말라야 전통의 영적 지도자인 스와미 웨다 바라티는 KIST 교수 이증원 박사의 초청으로 1989년에 처음 한국과 인연을 맺게 되었고, 1990년부터 한사 한숙자 선생이 원주에서 밝음요가교실을 열고 히말라야 전통의 요가를 보급하기 시작했다. 스와미 웨다는 그의 제자들과 함께 1999년부터 매년 한국을 방문하여 히말라야 요가 명상 지도와 강의를 펼치시다가, 2015년 7월 14일에 마하 사마디에 드셨다. 스와미 웨다의 뒤를 이어 스와미 리타완 바라티가 순회 교사와 함께 2년마다 한국을 방문하여 히말라야 요가명상 전통의 가르침을 나누고 있다.

세계 각지에서 같은 내용으로 시행되는 히말라야 전통의 요가 지도자 교육(TTP, Teacher Training Program)은 우리나라에서 원주의 한국지부를 통해 접할 수 있다. 한국은 2001년부터 시작하여 현재까지 성공적인 TTP 과정을 진행하고 있다.

홈페이지 http://cafe.daum.net/TTPinKorea
이메일 ahymsin.korea@gmail.com
전화 033-748-2968
팩스 033-742-4246

스와미 라마 사다카 그라마

국제히말라야요가명상협회연합(AHYMSIN) 본부

스와미 라마 사다카 그라마 (Swami Rama Sadhaka Grama, 이하 SRSG)는 2002년에 스와미 웨다 바라티에 의해 설립되었다. 스와미 르마와 스와미 웨다께서 가르치신 대로, 히말라야 스승들의 전통 안에서 요가 명상을 학습하고, 가르치고, 수행하는 것에 전념하고 있다. 현대 영성 프로그램에 적용되고 있는 과학적 틀을 유지하면서 고전 요가 명상의 순수성을 회복하는 데 전념하고 있다. 사다카 그라마는 '영적 구도자들의 마을'을 의미한다.

SRSG는 요가 수트라, 우파니샤드, 탄트라, 그리고 종파를 초월한 연구의 가르침과 우리의 구전 전통을 적용하는 사다나 수련 및 응용 영성을 지원하는 아쉬람 환경을 제공한다.

● 아쉬람 일일 프로그램
명상, 하타 요가 프라나야마, 이완 및 요가 철학에 중점을 두며, 수련생에게 적절한 개별 지도를 제공한다.

● 고급 수련과 학습
자신의 본성을 알기 위해 내면의 신성한 불꽃과 자기변환 일깨우기로 준비된 구도자를 위한 영적 멘토에 의한 집중 사다나와 침묵 수련도 포함된다.

● 히말라야 요가 전통-교사 프로그램 (Himalayan Yoga Tradition-Teacher Transformation Program, HYT-TTP)
1999년에 스와미 웨다에 의해 설립된 체계적인 프로그램이며 사다나를 바탕으로 하는 지도이다. 주된 목표는 학생의 지식과 사다나를 깊게 하여 진정한 요가의 가르침을 개인의 경험 깊은 곳으로부터 끌어내어 다른 사람들에게 전달 하는 것이다.

● 특별 행사 및 세미나
요가 사다나로 끌리는 사람들 및 요가 사나다를 더 발전시키려는 사람들에게, SRSC는 살아 있는 초기 전통 안에서 히말라야 요가 명상의 가르침을 학습하고 수련하는 독특한 기회를 제공하는 곳이므로, 이상적인 수행처가 될 수 있다.

인도 아쉬람 연락처
웹사이트: www.sadhakagrama.org, www.ahymsin.org
전자우편: ahymsin@ahymsin.org, sadhakagrama@gmail.com
전화: +91-135-2455091, +91-135-2450095
주소: Swami Rama Sadhaka Grama
Virpur Khurd, Virbhadra Road, P.O. Pashulok, Rishikesh,
249203, Uttarakhand, India

한국 지부 연락처
전자우편: ahymsin.korea@gmail.com
전화: (033) 748-2968
주소: 강원도 원주시 원일로115번길 12, 5층

명상과 수행

이 책에서 스와미 라마는 우리가 일상의 정신적 혼란을 넘어 창조적이고 즐거우며, 평온함을 얻을 수 있는 무한한 의식의 저장고 속으로 들어가는 실제적인 방법을 가르친다. 명상의 진보를 위한 이 프로그램은 우리가 마음대로 할 수 있었으나 한 번도 접할 수 없었던 우리 내면의 원천으로 들어가는 문을 열어 준다.
이것은 인도의 성현들이 태곳적부터 세상과 조화를 이루고 살면서 삶의 어려움에 맞설 힘을 찾고, 또한 자기 자신을 알기 위해 사용한 기술이다.

● 스와미 라마 지음, 최경훈 옮김. 값 10,000원

히말라야 성자들의 삶

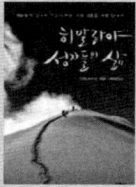

인도의 위대한 성자와 구도자들의 모습을 생생하게 담은 자아 탐구와 영적 수행의 대표적인 안내서!
스와미 라마의 구도적 성장 과정을 증언한 이 영적훈의 체험담에는 히말라야 곳곳에서 만난 스승들의 고귀한 삶과 깨달음의 지혜는 물론 기적과도 같은 신비한 경험과 감동적이고 흥미진진한 일화들로 가득 차 있다. 이 책은 모든 시대를 통틀어 가장 위대한 정신적 고전들 중의 하나이며, 세계 1100여 개 대학의 종교학과에서 텍스트로 사용하고 있는 정평 있는 권위서다.

● 스와미 라마 지음, 박광수·박지명 옮김. 값 25,000원

쿤달리니

이 책은 모든 정신적 습관의 형태가 사라지고 '해탈'을 성취하도록 돕는 '쿤달리니의 상승'과 '차크라의 열림'이라는 높은 영적 진화 수준이 지닌 현상을 상세히 다루고 있다. 또한 쾌락적이고 성적인 본질과 연관된 일반적인 관점과는 다른 시각에서 탄트라를 보며, 의식의 중심인 차크라의 본질에 관한 일부 오해를 바로 잡는 내용을 담고 있다.

● 스와미 웨다 바라티 지음, 김미경 옮김.
값 15,000원

행복하게 사는 기술

"행복은 내가 만드는 것이라고 깨닫게 되면 우리는 건강하고 행복한 인생을 살 수 있다." 『행복하게 사는 기술』은 지금 행복하기를 배우는 안내서이다. 어떻게 고요하고 평온한 마음을 가질 수 있는지, 그 마음을 어떻게 내면으로 향하게 하는지, 인생의 의미와 더 높은 목표에 반영하기 위해서 그 마음을 어떻게 사용하는지를 이 책에서 이야기한다.

● 스와미 라마 지음, 황보림 옮김. 값 18,000원

만 개의 태양

이 책은 요가를 알고자 하는 이들을 위한 입문서이다. 산스끄리뜨 경전에 대한 폭넓은 지식과 명상과 수행의 길에서 공부해야 할 오랜 전승이 쉽고 친절한 언어로 책 구석구석에 녹아 있다.
저자의 자전적인 기록이기도 한 이 감동적인 명상의 글들은 종교에 구애 받지 않고, 모든 이들이 명상의 요가로 불리는 라자 요가의 정수를 체험할 수 있게 한다.

● 스와미 웨다 바라띠 지음, 윤규상 옮김.
값 9,800원

GOD

신은 무엇인가?
대부분의 사람들은 신을 믿건 믿지 않건 관계없이 신에 대한 다른 견해를 갖고 있다. 이것이 왜 우리가 서로 다른 종교를 갖는가에 대한 대답이다. 아무나 신에 대해서 이야기하기 어렵지만, 저자인 스와미 웨다는 이 책에서 신에 대한 인식을 어떻게 개발할 수 있는지에 대해 말하고 있다.

● 스와미 웨다 바라티 지음, 김기태 옮김.
값 12,000원

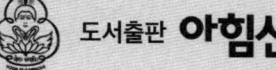

도서출판 아힘신   국제히말라야요가명상협회연합 한국지부
도서문의: ahymsin.korea@gmail.com